涉水公路工程建设项目
通航安全管理与保障工作实务

广东海事局深中办　编著

人民交通出版社

北京

内 容 提 要

本书根据相关的法律法规并结合港珠澳大桥和深中通道等重大涉水公路工程建设项目通航安全工作实践经验，从通航安全管理和保障的角度，系统梳理涉水公路工程建设项目通航安全各项具体工作及操作要领。

本书适用于政府部门、涉水公路建设单位和施工单位参考使用。

图书在版编目(CIP)数据

涉水公路工程建设项目通航安全管理与保障工作实务 / 广东海事局深中办编著. — 北京：人民交通出版社股份有限公司, 2024.12. — ISBN 978-7-114-19960-8

Ⅰ. U697.1

中国国家版本馆 CIP 数据核字第 2025N9V817 号

Sheshui Gonglu Gongcheng Jianshe Xiangmu Tonghang Anquan Guanli yu Baozhang Gongzuo Shiwu

书　　名：	**涉水公路工程建设项目通航安全管理与保障工作实务**
著 作 者：	广东海事局深中办
责任编辑：	王海南
责任校对：	赵媛媛
责任印制：	张　凯
出版发行：	人民交通出版社
地　　址：	(100011)北京市朝阳区安定门外外馆斜街3号
网　　址：	http://www.ccpcl.com.cn
销售电话：	(010)85285857
总 经 销：	人民交通出版社发行部
经　　销：	各地新华书店
印　　刷：	北京市密东印刷有限公司
开　　本：	787×1092　1/16
印　　张：	6
字　　数：	86千
版　　次：	2024年12月　第1版
印　　次：	2024年12月　第1次印刷
书　　号：	ISBN 978-7-114-19960-8
定　　价：	60.00元

(有印刷、装订质量问题的图书，由本社负责调换)

前 言
PREFACE

为促进政府部门水上交通安全管理人员、涉水公路工程建设单位和施工单位的安全环保管理人员及现场施工作业人员高质量开展涉水公路工程建设项目通航安全工作,更好地保障项目建设施工作业安全和公共通航安全,广东海事局根据港珠澳大桥和深中通道等重大涉水公路工程建设项目通航安全工作实践经验,从通航安全管理和保障的角度,系统梳理涉水公路工程建设项目通航安全各项具体工作及操作要领,汇编成《涉水公路工程建设项目通航安全管理与保障工作实务》(以下简称"本实务")。

本实务包括3章和4个附录。第1章介绍涉水公路工程建设项目通航安全管理和保障工作的背景,以及主要相关法律法规与标准;第2章讲述通航安全管理的各项具体工作及操作要领;第3章讲述通航安全保障的各项具体工作及操作要领;附录A为《涉水公路工程建设项目通航安全保障合作框架协议》示例;附录B为《涉水公路工程建设项目通航安全保障总体规划方案》目录(参考);附录C为《涉水公路工程建设项目通航安全保障实施协议》示例;附录D为《涉水公路工程建设项目通航安全保障资金管理实施细则》(参考)。

本实务由陈传全主审,梁德章、李雄兵、骆伟雄、黄鸢、黄晓初、姜凡、戴希红主编。本实务的编撰得到了交通运输部规划研究院、港珠澳大桥管理局、深中通道管理中心和广东联合港航服务有限公司等单位的大力支持,在此表示衷心的感谢。

为帮助政府部门管理人员和工程建设人员更好地理解和落实涉水公路工程建设项目通航安全管理和保障工作,编者还编写了配套图书《跨海工程建设通航安全保障实践》,供读者在实际工作中参考。

由于水平有限且时间仓促,疏误之处在所难免,敬请广大读者批评指正。

编　者

2024年6月

目 录
CONTENTS

第1章 概述 　1
1.1 背景 ·········· 2
1.2 适用范围 ·········· 3
1.3 主要通航法规与标准 ·········· 4
 1.3.1 国内通航法律法规 ·········· 4
 1.3.2 涉水公路工程建设通航安全保障行业标准 ·········· 25

第2章 涉水公路工程建设项目通航安全管理 　27
2.1 通航安全管理相关概念 ·········· 28
 2.1.1 通航环境 ·········· 28
 2.1.2 通航秩序 ·········· 28
 2.1.3 通航安全管理 ·········· 29
 2.1.4 涉水公路工程建设项目通航安全管理 ·········· 29
2.2 通航安全管理职责 ·········· 30
2.3 通航安全管理工作内容及实施要领 ·········· 31
 2.3.1 前期阶段 ·········· 31
 2.3.2 施工阶段 ·········· 36
 2.3.3 运营筹备阶段 ·········· 45

第3章 涉水公路工程建设项目通航安全保障　　47

3.1 通航安全保障相关概念　　48
3.1.1 工程保通管理费　　48
3.1.2 通航安全保障工作　　48

3.2 通航安全保障工作实施路线　　49

3.3 涉水项目建设前期阶段通航安全保障工作　　50
3.3.1 前期阶段通航安全保障工作内容　　50
3.3.2 前期阶段通航安全保障工作实施　　50

3.4 涉水项目施工阶段通航安全保障工作　　53
3.4.1 施工阶段通航安全保障工作内容　　53
3.4.2 建立组织机构　　53
3.4.3 总体工作部署　　55
3.4.4 制定制度与签订协议　　57
3.4.5 实施现场保障　　61
3.4.6 保障费用核算与资金管理　　67

3.5 核算标准适用范围说明　　72

附录A 《涉水公路工程建设项目通航安全保障合作框架协议》示例　　73

附录B 《涉水公路工程建设项目通航安全保障总体规划方案》目录(参考)　　75

附录C 《涉水公路工程建设项目通航安全保障实施协议》示例　　79

附录D 《涉水公路工程建设项目通航安全保障资金管理实施细则》(参考)　　85

第1章
CHAPTER 1

概述

1.1 背景

交通是兴国之要、强国之基。党的十八大以来，国家高度重视交通运输发展，随着新时代构建新发展格局和建设交通强国战略的加快实施，涉水公路工程建设项目方面的投资力度不断加大，建设规模呈持续增长、大型化和高度集群的发展态势。

安全是第一效益，是项目建设的根本底线。近年来，国家对安全生产和通航安全的重视程度也越来越高，陆续出台《中华人民共和国安全生产法》(2021年修正)《中华人民共和国海上交通安全法》(2021年修订)《中华人民共和国水上水下作业和活动通航安全管理规定》(交通运输部令2021年第24号)等法律、规章和标准，明确了涉水公路工程建设项目通航安全管理和通航安全保障工作的相关要求。

在通航水域开展的涉水公路工程建设项目，除了项目本身具有规模大、周期长、工艺难、特殊安全保障多等特点外，还要面临复杂的通航环境、恶劣的季节性极端天气、繁杂的跨区域跨单位协调、匮乏的专业市场保障力量等多因素制约，而且施工作业和大型构件等运输活动需改变或占用相关水域原有的通航环境，与过往船舶通航形成相互影响。上述因素的叠加影响决定了施工作业通航安全保障和公共通航安全管理难度极大、风险极高。

为了落实法律、规章和标准的相关要求，保证建设期施工作业安全和有关船舶的航行、停泊和作业安全，以及营运期的工程自身安全和公共通航安全，水上安全监管单位、建设单位和施工单位需要根据各自职责落实安全责任，共同做好涉水公路工程建设项目通航安全管理和通航安全保障工作，以实现项目建设、运营和航运事业的安全、协调、可持续发展的双赢目标。

涉水公路工程建设项目通航安全管理和保障工作是一项系统的安全工程,政府部门、建设单位、施工单位如何建立通航安全命运共同体,采取有效的措施,管理好通航环境,维护好通航秩序,保障好施工安全,服务好国家战略、区域经济发展和项目建设,成为一道新的时代课题。在没有任何经验可参考的情况下,广东海事局、港珠澳大桥管理局通过实践探索,形成了一套成功的港珠澳大桥建设通航安全管理和保障工作经验做法,实现了港珠澳大桥9年建设期水上交通安全"零事故、零污染、零伤害"目标,为粤港澳大湾区经济社会发展作出了积极贡献,并在深中通道、黄茅海跨海通道和大连湾海底隧道等项目建设中继续运用和不断完善。

为全面梳理、系统归纳出涉水公路工程建设项目通航安全管理和保障各项工作内容和具体做法,有必要编制一本具备广泛适用性和可操作性的工作实务,供其他涉水公路工程建设项目借鉴。

1.2 适用范围

本书适用于政府部门、建设单位和施工单位,在协同开展涉水公路工程建设项目通航安全管理和通航安全保障工作时,结合实际参考运用。涉水公路工程建设项目是指《公路工程建设项目投资估算编制办法》(JTG 3820—2018)和《公路工程建设项目概算预算编制办法》(JTG 3830—2018)附录"涉水项目施工期通航安全保障费用计算方法"中明确的沿海水域、航道等级Ⅲ级及以上的内河水域对通航安全影响较大的、需要开展通航安全管理和保障工作的公路工程涉水项目。

1.3 主要通航法规与标准

1.3.1 国内通航法律法规

1.3.1.1 《中华人民共和国安全生产法》

该法于2021年修正,共7章119条,在第一章"总则"、第二章"生产经营单位的安全生产保障"和第四章"安全生产的监督管理"中,对"安全生产责任制""应急管理""安全生产保障"和"安全生产的监督管理"相关内容进行了阐述。

(1)生产经营单位必须遵守安全生产法和其他有关安全生产的法律、法规,加强安全生产管理,建立健全全员安全生产责任制和安全生产规章制度,加大对安全生产资金、物资、技术、人员的投入保障力度,改善安全生产条件,加强安全生产标准化、信息化建设,构建安全风险分级管控和隐患排查治理双重预防机制,健全风险防范化解机制,提高安全生产水平,确保安全生产。

(2)生产经营单位的主要负责人是本单位安全生产第一责任人,对本单位的安全生产工作全面负责。其他负责人对职责范围内的安全生产工作负责。

(3)国务院和县级以上地方各级人民政府应当加强对安全生产工作的领导,建立健全安全生产工作协调机制,支持、督促各有关部门依法履行安全生产监督管理职责,及时协调、解决安全生产监督管理中存在的重大问题。

乡镇人民政府和街道办事处,以及开发区、工业园区、港区、风景区等应当明确负责安全生产监督管理的有关工作机构及其职责,加强安全生产监管力量建设,按照职责对本行政区域或者管理区域内生产经营单位安全生产状况进行监督检查,协助人民政府有关部门或者按照授权依法履行安全生产监督管理职责。

(4)国务院应急管理部门依照安全生产法,对全国安全生产工作实施综合监督管理;县级以上地方各级人民政府应急管理部门依照安全生产法,对本行政区域内安全生产工作实施综合监督管理。

国务院交通运输、住房和城乡建设、水利、民航等有关部门依照安全生产法和其他有关法律、行政法规的规定,在各自的职责范围内对有关行业、领域的安全生产工作实施监督管理;县级以上地方各级人民政府有关部门依照安全生产法和其他有关法律、法规的规定,在各自的职责范围内对有关行业、领域的安全生产工作实施监督管理。对新兴行业、领域的安全生产监督管理职责不明确的,由县级以上地方各级人民政府按照业务相近的原则确定监督管理部门。

应急管理部门和对有关行业、领域的安全生产工作实施监督管理的部门,统称负有安全生产监督管理职责的部门。负有安全生产监督管理职责的部门应当相互配合、齐抓共管、信息共享、资源共用,依法加强安全生产监督管理工作。

(5)依法设立的为安全生产提供技术、管理服务的机构,依照法律、行政法规和执业准则,接受生产经营单位的委托为其安全生产工作提供技术、管理服务。

生产经营单位委托前款规定的机构提供安全生产技术、管理服务的,保证安全生产的责任仍由本单位负责。

(6)县级以上各级人民政府应当组织负有安全生产监督管理职责的部门依法编制安全生产权力和责任清单,公开并接受社会监督。

(7)生产经营单位应当具备安全生产法和有关法律、行政法规和国家标准或者行业标准规定的安全生产条件;不具备安全生产条件的,不得从事生产经营活动。

(8)生产经营单位的主要负责人对本单位安全生产工作负有下列职责:

①建立健全并落实本单位全员安全生产责任制,加强安全生产标准化

建设；

②组织制定并实施本单位安全生产规章制度和操作规程；

③组织制定并实施本单位安全生产教育和培训计划；

④保证本单位安全生产投入的有效实施；

⑤组织建立并落实安全风险分级管控和隐患排查治理双重预防工作机制，督促、检查本单位的安全生产工作，及时消除生产安全事故隐患；

⑥组织制定并实施本单位的生产安全事故应急救援预案；

⑦及时、如实报告生产安全事故。

(9)生产经营单位的全员安全生产责任制应当明确各岗位的责任人员、责任范围和考核标准等内容。

生产经营单位应当建立相应的机制，加强对全员安全生产责任制落实情况的监督考核，保证全员安全生产责任制的落实。

(10)生产经营单位应当具备的安全生产条件所必需的资金投入，由生产经营单位的决策机构、主要负责人或者个人经营的投资人予以保证，并对由于安全生产所必需的资金投入不足导致的后果承担责任。

有关生产经营单位应当按照规定提取和使用安全生产费用，专门用于改善安全生产条件。安全生产费用在成本中据实列支。安全生产费用提取、使用和监督管理的具体办法由国务院财政部门会同国务院应急管理部门征求国务院有关部门意见后制定。

(11)矿山、金属冶炼、建筑施工、运输单位和危险物品的生产、经营、储存、装卸单位，应当设置安全生产管理机构或者配备专职安全生产管理人员。

(12)生产经营单位的安全生产管理机构以及安全生产管理人员履行下列职责：

①组织或者参与拟订本单位安全生产规章制度、操作规程和生产安全事故应急救援预案；

②组织或者参与本单位安全生产教育和培训，如实记录安全生产教育和

培训情况；

③组织开展危险源辨识和评估,督促落实本单位重大危险源的安全管理措施；

④组织或者参与本单位应急救援演练；

⑤检查本单位的安全生产状况,及时排查生产安全事故隐患,提出改进安全生产管理的建议；

⑥制止和纠正违章指挥、强令冒险作业、违反操作规程的行为；

⑦督促落实本单位安全生产整改措施。

生产经营单位可以设置专职安全生产分管负责人,协助本单位主要负责人履行安全生产管理职责。

(13)生产经营单位应当对从业人员进行安全生产教育和培训,保证从业人员具备必要的安全生产知识,熟悉有关的安全生产规章制度和安全操作规程,掌握本岗位的安全操作技能,了解事故应急处理措施,知悉自身在安全生产方面的权利和义务。未经安全生产教育和培训合格的从业人员,不得上岗作业。

(14)生产经营单位新建、改建、扩建工程项目(以下统称"建设项目")的安全设施,必须与主体工程同时设计、同时施工、同时投入生产和使用。安全设施投资应当纳入建设项目概算。

(15)建设项目安全设施的设计人、设计单位应当对安全设施设计负责。

(16)生产经营单位应当在有较大危险因素的生产经营场所和有关设施、设备上,设置明显的安全警示标志。

(17)生产经营单位对重大危险源应当登记建档,进行定期检测、评估、监控,并制定应急预案,告知从业人员和相关人员在紧急情况下应当采取的应急措施。

生产经营单位应当按照国家有关规定将本单位重大危险源及有关安全措施、应急措施报有关地方人民政府应急管理部门和有关部门备案。有关地方人民政府应急管理部门和有关部门应当通过相关信息系统实现信息共享。

（18）生产经营单位应当建立安全风险分级管控制度，按照安全风险分级采取相应的管控措施。

生产经营单位应当建立健全并落实生产安全事故隐患排查治理制度，采取技术、管理措施，及时发现并消除事故隐患。事故隐患排查治理情况应当如实记录，并通过职工大会或者职工代表大会、信息公示栏等方式向从业人员通报。其中，重大事故隐患排查治理情况应当及时向负有安全生产监督管理职责的部门和职工大会或者职工代表大会报告。

县级以上地方各级人民政府负有安全生产监督管理职责的部门应当将重大事故隐患纳入相关信息系统，建立健全重大事故隐患治理督办制度，督促生产经营单位消除重大事故隐患。

（19）生产经营单位进行爆破、吊装、动火、临时用电以及国务院应急管理部门会同国务院有关部门规定的其他危险作业，应当安排专门人员进行现场安全管理，确保操作规程的遵守和安全措施的落实。

（20）生产经营单位的安全生产管理人员应当根据本单位的生产经营特点，对安全生产状况进行经常性检查；对检查中发现的安全问题，应当立即处理；不能处理的，应当及时报告本单位有关负责人，有关负责人应当及时处理。检查及处理情况应当如实记录在案。

生产经营单位的安全生产管理人员在检查中发现重大事故隐患，依照前款规定向本单位有关负责人报告，有关负责人不及时处理的，安全生产管理人员可以向主管的负有安全生产监督管理职责的部门报告，接到报告的部门应当依法及时处理。

（21）两个以上生产经营单位在同一作业区域内进行生产经营活动，可能危及对方生产安全的，应当签订安全生产管理协议，明确各自的安全生产管理职责和应当采取的安全措施，并指定专职安全生产管理人员进行安全检查与协调。

(22)生产经营单位发生生产安全事故时,单位的主要负责人应当立即组织抢救,并不得在事故调查处理期间擅离职守。

(23)负有安全生产监督管理职责的部门依照有关法律、法规的规定,对涉及安全生产的事项需要审查批准(包括批准、核准、许可、注册、认证、颁发证照等,下同)或者验收的,必须严格依照有关法律、法规和国家标准或者行业标准规定的安全生产条件和程序进行审查;不符合有关法律、法规和国家标准或者行业标准规定的安全生产条件的,不得批准或者验收通过。对未依法取得批准或者验收合格的单位擅自从事有关活动的,负责行政审批的部门发现或者接到举报后应当立即予以取缔,并依法予以处理。对已经依法取得批准的单位,负责行政审批的部门发现其不再具备安全生产条件的,应当撤销原批准。

(24)应急管理部门和其他负有安全生产监督管理职责的部门依法开展安全生产行政执法工作,对生产经营单位执行有关安全生产的法律、法规和国家标准或者行业标准的情况进行监督检查,行使以下职权:

①进入生产经营单位进行检查,调阅有关资料,向有关单位和人员了解情况;

②对检查中发现的安全生产违法行为,当场予以纠正或者要求限期改正;对依法应当给予行政处罚的行为,依照安全生产法和其他有关法律、行政法规的规定作出行政处罚决定;

③对检查中发现的事故隐患,应当责令立即排除;重大事故隐患排除前或者排除过程中无法保证安全的,应当责令从危险区域内撤出作业人员,责令暂时停产停业或者停止使用相关设施、设备;重大事故隐患排除后,经审查同意,方可恢复生产经营和使用;

④对有根据认为不符合保障安全生产的国家标准或者行业标准的设施、设备、器材以及违法生产、储存、使用、经营、运输的危险物品予以查封或者扣押,对违法生产、储存、使用、经营危险物品的作业场所予以查封,并依法作出处理决定。

监督检查不得影响被检查单位的正常生产经营活动。

(25)负有安全生产监督管理职责的部门依法对存在重大事故隐患的生产经营单位作出停产停业、停止施工、停止使用相关设施或者设备的决定,生产经营单位应当依法执行,及时消除事故隐患。生产经营单位拒不执行,有发生生产安全事故的现实危险的,在保证安全的前提下,经本部门主要负责人批准,负有安全生产监督管理职责的部门可以采取通知有关单位停止供电、停止供应民用爆炸物品等措施,强制生产经营单位履行决定。通知应当采用书面形式,有关单位应当予以配合。

负有安全生产监督管理职责的部门依照规定采取停止供电措施,除有危及生产安全的紧急情形外,应当提前二十四小时通知生产经营单位。生产经营单位依法履行行政决定、采取相应措施消除事故隐患的,负有安全生产监督管理职责的部门应当及时解除前款规定的措施。

1.3.1.2 《中华人民共和国海上交通安全法》

该法于2021年修正,共10章122条,在第一章"总则"、第三章"海上交通条件和航行保障"、第四章"航行、停泊、作业"和第八章"监督管理"中,就海上交通安全的监督管理和安全保障相关内容进行了阐述,主要内容有:

(1)国家海事管理机构统一负责海上交通安全监督管理工作,其他各级海事管理机构按照职责具体负责辖区内的海上交通安全监督管理工作。

(2)海事管理机构根据海域的自然状况、海上交通状况以及海上交通安全管理的需要,划定、调整并及时公布船舶定线区、船舶报告区、交通管制区、禁航区、安全作业区和港外锚地等海上交通功能区域。

(3)建设海洋工程、海岸工程影响海上交通安全的,应当根据情况配备防止船舶碰撞的设施、设备并设置专用航标。

(4)需要设置、撤除专用航标,移动专用航标位置或者改变航标灯光、功率等的,应当报经海事管理机构同意。

(5)航标维护单位和专用航标的所有人应当对航标进行巡查和维护保养，保证航标处于良好适用状态。航标发生位移、损坏、灭失的，航标维护单位或者专用航标的所有人应当及时予以恢复。

(6)海事管理机构应当依据海上交通安全管理的需要，就具有紧迫性、危险性的情况发布航行警告，就其他影响海上交通安全的情况发布航行通告。

(7)海事管理机构应当及时向船舶、海上设施播发海上交通安全信息。

(8)船舶载运或者拖带超长、超高、超宽、半潜的船舶、海上设施或者其他物体航行，应当采取拖拽部位加强、护航等特殊的安全保障措施，在开航前向海事管理机构报告航行计划，并按有关规定显示信号、悬挂标志；拖带移动式平台、浮船坞等大型海上设施的，还应当依法交验船舶检验机构出具的拖航检验证书。

(9)超长、超高、超宽的船舶或者操纵能力受到限制的船舶进出港口、港外装卸站可能影响海上交通安全的，海事管理机构应当对船舶进出港安全条件进行核查，并可以要求船舶采取加配拖轮、乘潮进港等相应的安全措施。

(10)在中华人民共和国管辖海域内进行施工作业，应当经海事管理机构许可，并核定相应安全作业区。取得海上施工作业许可，应当符合下列条件：

①施工作业的单位、人员、船舶、设施符合安全航行、停泊、作业的要求；

②有施工作业方案；

③有符合海上交通安全和防治船舶污染海洋环境要求的保障措施、应急预案和责任制度。

从事施工作业的船舶应当在核定的安全作业区内作业，并落实海上交通安全管理措施。其他无关船舶、海上设施不得进入安全作业区。

(11)海上施工作业或者水上水下活动结束后，有关单位、个人应当及时消除可能妨碍海上交通安全的隐患。

(12)海事管理机构对在中华人民共和国管辖海域内从事航行、停泊、作业以及其他与海上交通安全相关的活动，依法实施监督检查。

1.3.1.3 《中华人民共和国内河交通安全管理条例》

该条例共11章95条,其中第一章"总则"、第二章"船舶、设施和船员"、第三章"航行、停泊和作业"、第六章"通航保障"和第九章"监督检查"涉及通航安全,其主要内容有:

(1)国务院交通主管部门主管全国内河交通安全管理工作。国家海事管理机构在国务院交通主管部门的领导下,负责全国内河交通安全监督管理工作。

海事管理机构是国务院交通主管部门在中央管理水域设立的海事管理机构和省、自治区、直辖市人民政府在中央管理水域以外的其他水域设立的海事管理机构的统称。

(2)遇有下列情形之一时,海事管理机构可以根据情况采取限时航行、单航、封航等临时性限制、疏导交通的措施,并予公告:

①恶劣天气;

②大范围水上施工作业;

③影响航行的水上交通事故;

④水上大型群众性活动或者体育比赛;

⑤对航行安全影响较大的其他情形。

(3)在内河通航水域或者岸线上进行下列可能影响通航安全的作业或者活动的,应当在进行作业或者活动前报海事管理机构批准:

①勘探、采掘、爆破;

②构筑、设置、维修、拆除水上水下构筑物或者设施;

③架设桥梁、索道;

④铺设、检修、拆除水上水下电缆或者管道;

⑤设置系船浮筒、浮趸、缆桩等设施;

⑥航道建设,航道、码头前沿水域疏浚;

⑦举行大型群众性活动、体育比赛。

进行上述所列作业或者活动,需要进行可行性研究的,在进行可行性研究时应当征求海事管理机构的意见;依照法律、行政法规的规定,需经其他有关部门审批的,还应当依法办理有关审批手续。

(4)在内河通航水域进行下列可能影响通航安全的作业,应当在进行作业前向海事管理机构备案:

①气象观测、测量、地质调查;

②航道日常养护;

③大面积清除水面垃圾;

④可能影响内河通航水域交通安全的其他行为。

(5)进行该条例第二十五条、第二十八条规定的作业或者活动时,应当在作业或者活动区域设置标志和显示信号,并按照海事管理机构的规定,采取相应的安全措施,保障通航安全。

作业或者活动完成后,不得遗留任何妨碍航行的物体。

(6)内河通航水域的航道、航标和其他标志的规划、建设、设置、维护,应当符合国家规定的通航安全要求。

(7)内河航道发生变迁,水深、宽度发生变化,或者航标发生位移、损坏、灭失,影响通航安全的,航道、航标主管部门必须及时采取措施,使航道、航标保持正常状态。

(8)内河通航水域内可能影响航行安全的沉没物、漂流物、搁浅物,其所有人和经营人,必须按照国家有关规定设置标志,向海事管理机构报告,并在海事管理机构限定的时间内打捞清除;没有所有人或者经营人的,由海事管理机构打捞清除或者采取其他相应措施,保障通航安全。

(9)任何单位和个人发现下列情况,应当迅速向海事管理机构报告:

①航道变迁,航道水深、宽度发生变化;

②妨碍通航安全的物体;

③航标发生位移、损坏、灭失;

④妨碍通航安全的其他情况。

海事管理机构接到报告后,应当根据情况发布航行通告或者航行警告,并通知航道、航标主管部门。

(10)海事管理机构划定或者调整禁航区、交通管制区、港区外锚地、停泊区和安全作业区,以及对进行该条例第二十五条、第二十八条规定的作业或者活动,需要发布航行通告、航行警告的,应当及时发布。

(11)海事管理机构必须建立、健全内河交通安全监督检查制度,并组织落实。

(12)海事管理机构必须依法履行职责,加强对船舶、浮动设施、船员和通航安全环境的监督检查。发现内河交通安全隐患时,应当责令有关单位和个人立即消除或者限期消除;有关单位和个人不立即消除或者逾期不消除的,海事管理机构必须采取责令其临时停航、停止作业,禁止进港、离港等强制性措施。

1.3.1.4 《中华人民共和国航道法》

为规范和加强航道的规划、建设、养护、保护,保障航道畅通和通航安全,促进水路运输发展而制定的法律。

该法自2015年3月1日起施行,共7章48条,规定了航道的含义和范围;确立了航道管理体制,授权各级航道管理机构管理航道的主体资格;明确了政府资金投入义务,规定政府要在财政预算中合理安排航道建设和养护资金;规定了航道规划制度,明确航道规划的编制主体和具体要求及与相关规划的关系;规范了航道养护义务,强化政府部门的养护保通责任;确立了航道保护范围划定制度,明确航道保护范围的划定、公布主体和程序;设立了拦河闸坝建设通航建筑物的"五同步"、航道通航条件影响评价审核、相邻拦河闸坝间水位衔接保证等航道保护的核心制度;规定了法律责任,对危害、损害、损坏航道的行为,设定了较为严格的处罚及相应的强制措施等法律责任。

"航道"是指中华人民共和国领域内的江河、湖泊等内陆水域中可以供船舶通航的通道,以及内海、领海中经建设、养护可以供船舶通航的通道。航道包括通航建筑物、航道整治建筑物和航标等航道设施。

1.3.1.5 《中华人民共和国航标条例》

为了加强对航标的管理和保护,保证航标处于良好的使用状态,保障船舶航行安全,制定了该条例。

该条例自1995年12月3日起施行,共25条,适用于在中华人民共和国的领域及管辖的其他海域设置的航标。

航标的管理和保护,实行统一管理、分级负责和专业保护与群众保护相结合的原则。

该条例所称航标,是指供船舶定位、导航或者用于其他专用目的的助航设施,包括视觉航标、无线电导航设施和音响航标。

该条例明确了航标的主管机关,违反条例的处罚措施等。

国务院交通行政主管部门负责管理和保护除军用航标和渔业航标以外的航标。国务院交通行政主管部门设立的流域航道管理机构、海区海事管理机构和县级以上地方人民政府交通行政主管部门,负责管理和保护本辖区内军用航标和渔业航标以外的航标。交通行政主管部门和国务院交通行政主管部门设立的流域航道管理机构、海区港务监督机构统称航标管理机关。

军队的航标管理机构、渔政渔港监督管理机构,在军用航标、渔业航标的管理和保护方面分别行使航标管理机关的职权。

航标由航标管理机关统一设置;但是,专业单位可以自行设置自用的专用航标。专用航标的设置、撤除、位置移动和其他状况改变,应当经航标管理机关同意。

1.3.1.6 《内河航标管理办法》

为加强内河航标管理,保持内河航标的正常状态,提高航标维护质量,依据国家有关规定,制定了该办法。该办法自1996年8月1日起施行,共8章54条,适用于江河、湖泊、水库、运河等内河通航水域的航标管理。

内河航标管理实行统一领导,分级管理的原则。

国务院交通行政主管部门设立的航道管理机构和县级以上地方人民政府交通行政主管部门负责航标管理工作。

跨省、自治区、直辖市的航道,除交通运输部直属管辖的外,其航标的设置和管理,按行政区划分工负责,也可通过协商确定管理范围。省界河流的航标管理应通过协商由航运量大的省、自治区、直辖市交通主管部门设立的航标管理机构负责。

该办法规定了管理职责、航标配布、航标维护管理、专设航标的配布与维护管理、航标保护和罚则等。

1.3.1.7 《中华人民共和国水上水下作业和活动通航安全管理规定》

该规定共5章38条,以交通运输部令2021年第24号的形式颁布,自2021年9月1日起施行。

(1)第一章为总则,共4条。说明了该规定的目的依据、适用范围、遵循原则,明确了主管机关。交通运输部主管全国水上水下作业和活动通航安全管理工作。交通运输部海事局负责全国水上水下作业和活动通航安全监督管理工作。交通运输部直属海事管理机构和其他承担水上交通安全管理职责的机构(以下统称"海事管理机构"),依照各自的职责权限,负责本辖区水上水下作业和活动通航安全监督管理工作。

(2)第二章为作业和活动许可,共11条。规定了核定安全作业区的施工作业类型,作业和活动的符合条件,申报材料,编制作业或者活动方案、保障措施方案和应急预案,涉及两个以上海事管理机构的许可证申请方式,申请办理时限,技术评审,许可证内容、有效期、签发、变更申请和注销等要求。

(3)第三章为作业和活动管理,共12条。明确了管辖海域内水上水下活动实施报告管理,内河通航水域水上水下活动实施备案管理,通报管理类型,安全作业区的社会公告、安全标志设置、安全设施和警戒船配备,建设单位、主办单位和施工单位的安全生产责任、管理和协议,船舶和设施的安全标准和条件,作业或活动的安全保障措施、安全规定,碍航物的标志、信号设置和清除,通航安全技术参数报备,现场监督检查制度等相关要求。

(4)第四章为法律责任,共9条。明确了海事管理机构应当责令建设单位、主办单位或者施工单位改正,立即停止作业或者活动,并采取安全防范措施的情形;以及对违法行为的相关处罚。

(5)第五章为附则,共2条。明确了该规定的实施时间。

1.3.1.8 《中华人民共和国船舶交通管理系统安全监督管理规则》

规则共6章28条,以交通运输部令1997年第8号形式颁布,自1998年1月1日起施行。

规则适用于在中华人民共和国沿海及内河设有船舶交通管理系统(即"VTS系统")的区域内航行、停泊和作业的船舶、设施及其所有人、经营人和代理人。

规则规定了适用对象、主管机关、船舶报告、船舶交通管理、船舶交通服务,以及法律责任和规则的解释权、实施时间等内容。

VTS系统是指为保障船舶交通安全,提高交通效率,保护水域环境,由主管机关设置的对船舶实施交通管制并提供咨询服务的系统。

1.3.1.9 《中国船舶报告系统管理规定(试行)》

为提高搜救效率,保障海上人命、财产安全,我国投资建设了用于保证船舶安全的中国船舶报告系统。为保证中国船舶报告系统的有效运行,交通运输部海事局制定了《中国船舶报告系统管理规定》,发布《关于颁布〈中国船舶报告系统管理规定〉的通知》（海通航字〔2001〕215号），自2001年6月1日起施行。

规定共13条，明确了主管机关、中国船舶报告区域、适用船舶、报告要求、组织搜救的信息利用和调取，以及规定的解释权和实施时间等内容。

船舶报告系统是指船舶使用规定的报告格式和程序向中国船舶报告管理中心报告，各海上搜救中心应用报告信息对遇险船舶组织救助的一种制度。

中国船舶报告系统由中国海上搜救中心、船舶报告管理中心、区域海上搜救中心、报告接收站和参加中国船舶报告系统的船舶组成。

中华人民共和国海事局是中国船舶报告系统的主管机关。

中国船舶报告区域是指其他国家领海和内水以外的北纬9°以北，东经130°以西的海域。

规定适用的对象为：航行于国际航线300总吨及以上的中国籍船舶；航行于中国沿海航线1600总吨及以上的中国籍船舶；2005年1月1日后航行于中国沿海航线300总吨及以上的中国籍船舶。

加入中国船舶报告系统的船舶应当按照《中国船舶报告系统船长指南》中规定的报告方式、种类、格式、内容和要求进行报告。

1.3.1.10 《水上交通管制管理办法（试行）》

为规范水上交通管制行为，维护通航秩序、保障航行安全、保护水域环境和人民群众生命财产安全，根据《中华人民共和国海上交通安全法》《中华人民共和国内河交通安全管理条例》等有关法律法规，交通运输部海事局印发《水上交通管制管理办法（试行）》，自2022年9月16日起施行。

办法共21条，明确了适用范围、主管机关、水上交通管制情形、对外公告、管制措施和核准等内容。

1）定义

办法所称"水上交通管制"是指出现对水上交通安全有较大影响的情况，

海事管理机构依法在特定时间内对特定水域、特定船舶采取的限制或疏导交通的措施。

2）适用范围

适用于在中华人民共和国管辖海域和内河通航水域实施水上交通管制的组织和管理。

3）主管机关

交通运输部海事局在交通运输部统一领导下,主管全国水上交通管制的管理工作。

各省级交通运输部门和各直属海事管理机构负责管辖水域内水上交通管制的组织实施工作。

各地市级交通运输部门和各直属海事分支机构负责管辖水域内水上交通管制的具体实施工作。

4）水上交通管制实施情形

(1)发生强对流天气、雷暴雨、台风、寒潮大风、严重冰情、能见度不良等恶劣天气、恶劣海况;

(2)发生山体滑坡、堤岸坍塌等自然灾害;

(3)航道损坏、阻塞、水深变浅、宽度变窄等航道实际尺度达不到维护尺度;

(4)特定水域通航密度接近饱和;

(5)大潮汛、洪水或异常增水;

(6)影响航行的水上险情或重大水上交通事故;

(7)应急抢险;

(8)水上、水下作业和活动;

(9)演习;

(10)军事活动;

（11）其他对水上交通安全有较大影响的情形。

5）水上交通管制的主要措施

（1）封航，禁止锚（停）泊；

（2）单向通航；

（3）限制航行，限制通过船舶的时间、种类、尺度、航速等；

（4）其他水上交通管制措施。

1.3.1.11 《中华人民共和国海事局水上巡航管理工作规定》

为规范直属海事系统水上巡航管理工作，提高现场监督执法能力和水平，维护水上通航环境和秩序，保障船舶、设施和人命、财产安全，防止船舶污染水域，维护国家主权和海洋权益，交通运输部海事局制定了《中华人民共和国海事局水上巡航管理工作规定》，于2014年12月23日印发实施。

规定共8章33条，主要明确了职责、巡航计划、巡航内容、巡航要求、巡航管理和监督检查，以及工作记录、评估和报告等内容。

1.3.1.12 《中华人民共和国海事行政许可条件规定》

为依法实施海事行政许可，维护海事行政许可各方当事人的合法权益，根据《中华人民共和国行政许可法》和有关海事管理的法律、行政法规以及中华人民共和国缔结或者加入的有关国际海事公约，制定《中华人民共和国海事行政许可条件规定》。2015年5月29日交通运输部发布，自2015年7月1日起施行，2021年9月第四次修正。

规定共3章19条，分别是总则、海事行政许可条件及附则。其中，第六条规定了在内河通航水域载运、拖带超重、超长、超高、超宽、半潜物体或者拖放竹、木等物体许可的条件。第七条规定了沿海专用航标的设置、撤除、位置移动和其他状况改变审批的条件。

1.3.1.13 《航道通航条件影响评价审核管理办法》

为规范航道通航条件影响评价审核工作,依法保护航道,根据《中华人民共和国航道法》(以下简称《航道法》),制定了《航道通航条件影响评价审核管理办法》(以下简称《办法》)。2017年1月16日,交通运输部发布,自2017年3月1日起施行。

办法共6章31条,分别是总则、航道通航条件影响评价报告编制、申请与审核、监督检查、法律责任及附则。主要内容是:

1)航道通航条件影响评价审核的适用范围

《航道法》明确了需要开展航道通航条件影响评价审核的项目范围为与航道有关的工程,《航道法》第二十八条第一款第(一)(二)(三)项规定的工程除外。为便于执行,该办法进一步细化了评价审核适用的建设项目类型。考虑到与航道有关工程的项目类型众多,主要列举了跨越、穿越航道的建筑物、构筑物和临河、临湖、临海建筑物、构筑物等常见工程类型。

2)航道通航条件影响评价报告(以下简称"航评报告")编制的具体要求

(1)航评报告编制阶段

按照《航道法》第二十八条第一款有关规定,《办法》明确了建设单位应当在工程可行性研究阶段开展航评报告编制。

(2)航评报告编制依据

建设单位应当按照交通运输部有关规定和技术标准要求编制航评报告。

(3)航评报告主要内容

主要包括建设项目概况,所在河段、湖区、海域的通航环境,选址评价,与通航有关的技术参数和技术要求的分析论证,对航道条件、通航安全、港口及航运发展的影响分析,减小或者消除对航道通航条件影响的措施,航道条件与通航安全的保障措施,征求各有关方面意见的情况及处理情况八个方面。

(4)航评报告的编制主体

航评报告由建设单位自行编制,也可以委托具有相应经验、技术条件和能力且信誉良好的机构编制,并强调了审核部门不得以任何形式要求建设单位委托特定机构编制航评报告。

(5)征求意见

建设单位应当就通航影响征求港航企业等利害相关方的意见,以便及时完善资料、优化方案,提高报告编制的全面性、科学性、合理性。

鉴于在通航河流上建设永久性拦河闸坝可能对上下游航道产生重大影响,办法特别规定了拦河闸坝工程建设单位应当在航评报告编制过程中书面征求上下游受影响省份的省级交通运输主管部门的意见。涉及长江水系、珠江水系四级及以上高等级航道上建设永久性拦河闸坝等重要工程的,还应当征求长江航务管理局或珠江航务管理局的意见。

3)申请与审核要求

(1)申请审核的阶段

办法明确了建设单位应当在工程可行性研究阶段完成航评报告后,提出审核申请。

(2)申请审核时需要提交的具体材料要求

主要包括审核申请书、航评报告、建设依据、建设单位机构证明文件以及有关承诺函、协议等。同时强调了建设单位应当对所提交材料的真实性、合法性负责。

(3)审核的具体程序

办法规定了审核程序主要包括材料审查、受理、审核、出具审核意见等环节,并对出具受理通知书、审核意见的要求作出了具体规定。

(4)审核的技术要求

办法明确将有关法律法规规章、技术标准、相关规划以及建设项目所在河段、湖区、海域航道建设养护、通航安全、航运发展的相关要求作为审核的主要依据,并针对不同类型项目,具体规定了审核的重点。

(5)审核方式

审核部门在审核中认为必要的,可以采取专家咨询、委托第三方技术咨询机构开展技术咨询等方式。同时,办法也强调了咨询费用由审核部门按照国家有关规定纳入部门预算管理,并对委托第三方技术咨询机构开展技术咨询的具体要求作出了规定。

(6)审核时限

为进一步规范航评报告的审核行为,提高审核效率,办法规定了审核部门收到审核申请后,应当在五个工作日内一次性告知需要补正的全部内容,受理后二十个工作日内应当完成审核并出具审核意见。同时,考虑审核的技术复杂性,办法规定了技术咨询、专家评审、评价材料修改完善所需时间不计算在规定的审核期限内。

(7)未通过审核及相关情况变更的处理方式

针对审核未通过或出具审核意见后相关情况发生变化的建设项目,办法规定了具体的解决措施。

4)明确了交通运输部与派出机构、省级交通运输主管部门在审核及监督检查中的职责分工

(1)审核权限的分工

根据《航道法》规定的职责分工,明确国务院或者国务院有关部门批准、核准的建设项目,以及与交通运输部按照国务院的规定直接管理的跨省、自治区、直辖市的重要干线航道和国际、国境河流航道等重要航道有关的建设项目,由交通运输部负责航道通航条件影响评价审核。

为更好发挥交通运输部派出机构作用,明确与长江干线航道有关的建设项目,除国务院或者国务院有关部门批准、核准的建设项目以及跨(穿)越长江干线的桥梁、隧道工程外,由长江航务管理局承担航道通航条件影响评价审核

的具体工作。

其他建设项目的航道通航条件影响评价,按照省、自治区、直辖市人民政府的规定由县级以上地方人民政府交通运输主管部门或者航道管理机构负责审核。

(2)监督检查的分工

办法规定审核部门应当组织对航道通航条件影响评价审核意见的执行情况进行监督检查。根据就近便利的原则,规定交通运输部负责审核的建设项目,由省级交通运输主管部门负责组织进行监督检查;其中与长江干线航道有关的建设项目,由长江航务管理局负责组织进行监督检查;建设项目的现场监督检查工作由所在水域负责航道现场管理的机构承担。上述分工形成了审核部门审核、就近组织监督、现场监督检查相衔接的闭合监管链条。

5)法律责任

(1)有关单位、人员的法律责任。

办法对审核部门、负责组织监督检查的部门、负责航道现场管理的机构及其工作人员渎职违法的有关责任予以了明确。

(2)违反航道通航条件影响评价审核制度的处罚额度。

《航道法》对未依法报送航道通航条件影响评价材料,或者报送的航道通航条件影响评价材料未通过审核而建设单位开工建设的,规定了处二十万元以上五十万元以下的罚款额度,相对较为宽泛。办法对此予以了细化,规定了实施罚款时,应当综合考虑航道的等级及重要性、建设项目对航道条件与通航安全的影响程度、建设单位采取补救措施的及时性和有效性等因素,合理确定罚款额度。

(3)明确了对建设单位、航评报告编制单位、相关技术服务机构、评审专家信用管理的相关要求。

1.3.1.14 《中华人民共和国海上航行警告和航行通告管理规定》

为了加强海上航行警告和航行通告的管理,保障船舶、设施的航行和作业安全,根据《中华人民共和国海上交通安全法》有关规定,制定《中华人民共和国海上航行警告和航行通告管理规定》,1992年12月22日国务院批准,1993年1月11日交通部令第44号发布。

规定共25条,明确了适用范围、主管机关、发布形式、申请发布海上航行警告和航行通告的活动和情形、书面申请内容、重新申请、相关要求、违反规定的警告处罚等内容。

1.3.2 涉水公路工程建设通航安全保障行业标准

1.3.2.1 《公路工程建设项目投资估算编制办法》和《公路工程建设项目概算预算编制办法》

为加强公路工程造价管理,合理确定和有效控制公路建设项目投资,交通运输部路网监测与应急处置中心负责修订完成《公路工程建设项目投资估算编制办法》(JTG 3820—2018)《公路工程建设项目概算预算编制办法》(JTG 3830—2018),交通运输部发布公告于2019年5月1日起施行。

办法在投资估算、概(预)算的"工程建设其他费"中编列了"工程保通管理费",在附录中纳入了《涉水项目施工期通航安全保障费用计算方法》。

办法明确了工程保通管理费的定义、列支和计算要求。工程保通管理费指新建或改(扩)建工程需边施工边维护通车或通航的建设项目,为保证公(铁)路运营安全、船舶航行安全及施工安全而进行交通(公路、航道、铁路)管制、交通(铁路)与船舶疏导所需的和媒体、公告等宣传费用及协管人员经费等。工程保通管理费应按设计需要进行列支。涉水项目施工期通航安全保障费用按《涉水项目施工期通航安全保障费用计算方法》进行计算。

1.3.2.2 《涉水项目施工期通航安全保障费用计算方法》

《涉水项目施工期通航安全保障费用计算方法》是为适应公路工程涉水项目施工期通航安全保障工作的需要，合理确定公路工程涉水项目施工期通航安全保障工作内容，规范施工期通航安全保障费用计算方法而编制的标准文件。该方法共14条，主要包括计算方法的目的、适用范围、专项设计、费用组成、临时设施设备费、航行和施工通航安全保障费用的定义和计算、管理经费计算、税金和费用计算表等内容。

第 2 章
CHAPTER 2

涉水公路工程建设项目通航安全管理

2.1 通航安全管理相关概念

2.1.1 通航环境

通航环境,一般是指船舶和设施在通航水域内航行、停泊、作业和水上水下活动所需的条件,包括水面、水下、水上、沿岸等对水上交通安全的影响要素。通航环境是船舶赖以安全航行、停泊、作业的客观存在的外部条件,对船舶交通安全有着巨大的影响。

通航环境管理是通航安全管理的重要内容之一,是船舶安全航行的基础和保证。通航环境由自然属性和社会属性构成,自然属性包括航道(路)条件、水文条件、气象条件等方面要素;社会属性包括管理规章,港口、航道等航行水域的布置及设施设备配置等交通条件,水上水下作业和活动等制约因素,船舶、设施的基本状态,以及水上建筑物、港口码头、锚地、停泊区、交通管制区等要素。

2.1.2 通航秩序

通航秩序,一般是指在同一通航环境条件下,彼此存在着影响的不同船舶流之间的相互关系,它包括船舶运动组合与船舶行为的总体,即是指船舶和设施在通航水域内航行、停泊、作业及水上水下活动所形成的各种交通行为关系。通航秩序的构成要素主要包括:船舶密度、航迹和航迹分布、交通流、交通容量和船舶行为等。通航秩序主要包括航行秩序、停泊秩序、作业秩序和活动秩序。

通航秩序管理是通航安全管理的重要内容之一,通过主管机关现场管理,在通航密度大的水域建立船舶交通管理体系,以规范船舶航行秩序。

2.1.3　通航安全管理

目前,通航安全管理在法律法规和学术上还没有专门的定义。广义上讲,通航安全管理的内容包括与船舶交通相关的所有内容,不同类型区域的水上交通具有不同的特点和内容,需要区别对待。按水域类型分为:海上通航安全管理、内河通航安全管理和水库及湖泊等封闭水域的通航安全管理。水域安全、清洁,交通快捷和有序畅通是通航安全管理的目标。

从法律法规赋予水上交通安全主管机关或海事管理机构的职责而言,通航安全管理一般是指水上交通安全主管机关或海事管理机构依据国家有关法律、法规和行政规章,对通航水域内船舶交通行为(航行、停泊、作业等)、设施等环境条件、水上水下作业(勘探,港外采掘、爆破;构筑、维修、拆除水上水下构筑物或者设施;航道建设、除航道养护疏浚外的疏浚作业;打捞沉船沉物等)和活动(群众性活动、体育比赛等)进行组织协调和监督管理,以实现水上交通安全的管理行为。

狭义上讲,通航安全管理是对船舶交通活动及水中设施产生影响的各种自然因素和社会因素的有效管理活动。其主要管理的内容有通航环境、通航秩序,以及相关的人为活动管理。主要管理的方式包括:法规制度管理、船舶交通管理、现场巡航管理、航道标志管理、水上交通秩序管理及组织等。

2.1.4　涉水公路工程建设项目通航安全管理

涉水公路工程建设项目通航安全管理,主要是指海事管理机构为落实履职尽责要求,依据《中华人民共和国安全生产法》《中华人民共和国海上交通安全法》《中华人民共和国内河交通安全管理条例》《中华人民共和国水上水下作业和活动通航安全管理规定》(交通运输部令2021年第24号)等国家有关法律、法规和行政规章,对与涉水公路工程建设项目有关的施工作业水域和公共通航水域内的船舶交通行为、通航环境、通航秩序等进行组织协调和监督管理,以实现优化通航环境、规范通航秩序和保障航行安全等安全管理目标的管理行为。

2.2 通航安全管理职责

《中华人民共和国海上交通安全法》第四条规定"国家海事管理机构统一负责海上交通安全监督管理工作,其他各级海事管理机构按照职责具体负责辖区内的海上交通安全监督管理工作"。

《中华人民共和国内河交通安全管理条例》第四条规定"国家海事管理机构在国务院交通主管部门的领导下,负责全国内河交通安全监督管理工作"。

《中华人民共和国水上水下作业和活动通航安全管理规定》第四条规定"交通运输部主管全国水上水下作业和活动通航安全管理工作。交通运输部海事局负责全国水上水下作业和活动通航安全监督管理工作。交通运输部直属海事管理机构和其他承担水上交通安全管理职责的机构(以下统称"海事管理机构"或"海事部门"),依照各自的职责权限,负责本辖区水上水下作业和活动通航安全监督管理工作"。

根据国务院办公厅和中央机构编制委员会办公室等有关文件精神,中华人民共和国海事局(交通运输部海事局)为交通运输部直属行政机构,实行垂直管理体制,履行水上交通安全监督管理、船舶及相关水上设施检验和登记、防治船舶污染和航海保障等行政管理和执法职责。1998年10月中央机构编制委员会办公室对海事局职责批复中第五项明确以下职责:管理通航秩序、通航环境。负责禁航区、航道(路)、交通管制区、港外锚地和安全作业区的水域划定;负责禁航区、航道(路)、交通管制区、港外锚地和安全作业区等水域的监督管理,维护水上交通秩序,核定船舶靠泊安全条件;核准与通航安全有关的岸线使用和水上水下施工作业;管理沉船、沉物打捞和碍航物的清除,管理和发布全国航行警(通)告等。

从上述法规和相关文件要求可以看出,涉水公路工程建设项目通航安全管理工作是辖区海事管理机构应尽的法定职责。

2.3 通航安全管理工作内容及实施要领

涉水公路工程建设项目一般分为前期阶段、施工阶段和竣工验收阶段,不同的项目,不同的阶段,需要开展的涉水公路工程建设项目通航安全管理工作侧重点不同,海事管理机构需要根据不同项目不同阶段的通航安全管理工作的不同需求,结合自身的安全管理职责,针对性地开展通航安全管理工作。

2.3.1 前期阶段

2.3.1.1 前期阶段通航安全管理工作概述

涉水公路工程建设项目前期阶段主要是指工程可行性研究阶段、初步设计阶段和施工图设计阶段。

对于国家大型或超大型涉水公路工程建设项目,政府部门在前期阶段一般会成立项目前期工作领导小组和前期办公室,或者组建项目建设管理单位,通过协调会议、专题研究、论证和评审等方式不断推进前期各项工作,主要包括:方案研究、项目工程方案比选和推荐方案、工可初步研究、工程方案及技术标准专家论证、工程可行性研究报告专家评审和报审报批、项目航道条件及通航标准的审核、初步设计审查、钻探勘察设计和施工的公开招标及实施等项目筹建工作。

海事管理机构是涉水公路工程建设项目前期筹建工作的重要参与单位，前期阶段主要是配合做好涉及通航安全相关的工作对接、前期统筹协调、前期勘探作业行政许可、前期勘探作业航行警(通)告管理、前期勘探作业现场监管等工作。

2.3.1.2 前期阶段通航安全管理工作要领

1）前期统筹协调工作

(1)前期统筹协调工作内容

重大项目前期阶段时间跨度较长，牵涉单位和事项较多，协调事项繁杂，项目主管部门(建设单位)需要组建前期协调工作机构，并建立有效、畅通的沟通协调工作机制。

为做好与地方政府、交通运输行业主管部门、项目业主、航海保障等相关单位的工作对接，海事管理机构应在项目前期阶段成立前期工作办公室或指定相关处室作为对接部门，同时安排专人，负责前期各项沟通协调工作，确保前期工作配合得当、协调顺畅。涉及通航安全管理事项一般由相关海事管理机构的通航管理业务部门或重大项目办负责对接，海事管理机构的分管领导纳入前期工作领导小组。

(2)前期沟通协调工作的实施

为配合项目主管部门(建设单位)有序推进前期阶段的各项通航安全相关工作，海事管理机构应主动服务，提前介入，通过建立沟通协调机制，明确对接部门，并采取组织召开座谈会、例会，积极参与相关工作会议等各种有效方式，做好与地方政府、交通运输主管部门的对接，以及与项目业主的密切沟通联系，了解、跟进项目进度和前期工作情况，协调涉及通航安全管理相关事项。

实际工作中，一般以月或周为周期，召开座谈会和例会，通报前期工作推进情况,讨论、研究和会商解决前期工作中存在的问题,规划下一步工作,并以会议纪要形式,明确前期阶段工作内容,布置具体工作,提出工作要求。

涉及跨直属海事局辖区的重大涉水公路工程建设项目,交通运输部海事局可根据项目建设情况和海事管理工作实际,在前期阶段,组织召开建设期海事管理工作协调会,明确项目建设海事管理工作要求。

2)前期研究设计工作

(1)前期研究设计工作内容

前期阶段,项目主管部门(建设单位)需在开展工程方案和技术标准研究、工程可行性研究和初步设计等工作的同时,同步开展涉及通航安全的研究设计工作,主要包括:通航标准研究、项目建设对港口航道通航条件影响评价和施工通航安全保障专项设计等相关工作。

(2)前期研究设计工作的实施

①工程方案和技术标准研究论证。

前期论证阶段,项目主管部门(建设单位)应委托相关单位开展工程方案和技术标准的研究论证工作,主要研究线位规划选址的合理性,技术标准和路线方案。研究过程中,项目主管部门(建设单位)应函询征求水利、海洋、民航、部队、海事等有关单位意见,并邀请国内外相关领域内的权威专家,对工程技术方案进行反复研究、论证、评审及咨询,组织召开路线方案专家评审会、工程方案及技术标准专家论证会,根据专家组意见和相关单位意见,形成推荐方案,报地方政府同意后,深入开展下一阶段工程可行性研究的前期工作。

前期论证阶段,海事管理机构应做好与项目前期办的沟通联系和接触磋商,积极参与不同线位选址的通航技术问题研究,函复项目主管部门(建设单位)的征求意见,与项目主管部门(建设单位)在通航尺度、推荐方案等方面达成共识。

②工程可行性研究。

工程可行性研究阶段,项目主管部门(建设单位)应委托有资质的工程咨询公司和规划设计公司,深入开展工程可行性研究工作,编制工程可行性研究报告和航道通航条件影响评价报告(航评报告)。

工程可行性研究报告完成后,由相关省(自治区、直辖市)的交通运输厅和发展改革委,组织召开工程可行性研究报告专家评审。

工程可行性研究报告通过专家评审后,应报交通运输部或交通运输主管部门审查,出具审查意见;根据项目类别,报地方发改委或国家发改委批复。

工程可行性研究阶段,海事管理机构应参与工程可行性研究报告和航评报告的专家评审工作。

③初步设计。

工可报告获批后,项目主管部门(建设单位)通过公开招标,确定设计单位。

初步设计阶段,项目主管部门(建设单位)和设计单位通过开展调研分析、专题研究、论证研讨、初测初勘、专家咨询和评审等工作,执行各方对工程可行性研究报告的批复意见;编制初测初勘外业验收报告,组织召开初测初勘外业验收评审会;初测初勘外业验收通过后,编制初步设计文件,提交交通运输主管部门组织召开预评审会;通过预评审会后,设计单位根据预评审会意见修改完善初步设计文件,上报交通运输部审批。

初步设计阶段,海事管理机构应积极参与初测初勘、外业验收和初步设计预评审工作。

④施工图设计。

交通运输主管部门批复初步设计后,项目主管部门(建设单位)委托设计单位开展详测详勘作业,编制详测详勘外业验收报告,组织召开详测详勘外业验收评审会;详测详勘外业验收通过后,编制施工图设计文件,提交交通运输主管部门组织召开评审会。

施工图设计阶段,海事管理机构应积极参与详测详勘外业验收和施工图设计评审工作。

3)前期勘探作业行政许可工作

(1)前期勘探作业行政许可工作内容

前期设计阶段,施工单位在开展初测初勘和详测详勘等水上勘探作业前,应依法办理勘探作业许可证,以及发布航行警(通)告相关手续。必要时,加强与航海保障部门的沟通联络,做好航标设置撤除、水深扫测等相关工作。

(2)前期勘探作业行政许可工作的实施

①施工单位。

a.编制勘探作业方案和勘探作业通航安全保障方案;

b.勘探作业前应当向作业地的海事管理机构提出作业许可申请并报送申请书、申请人和经办人相关证明、勘探作业方案和通航安全保障措施方案、应急预案和责任制度文本;

c.申请发布勘探作业航行警(通)告,明确限速等相关需求;

d.需要时,配合海事管理机构制作勘探作业宣贯示意图。

②海事管理机构。

a.受理申请材料;

b.组织开展勘探作业通航安全保障方案的专家技术评审工作;

c.组织召开许可联合会审,统筹协调通航安全相关事项,布置相关工作,办理作业许可(通报、备案);

d.根据勘察作业安全和公共通航安全需求,发布勘探作业航行警(通)告或宣贯示意图等。

4)前期勘探作业现场监管工作

(1)前期勘探作业现场监管工作内容

主要包括入场前检查、现场监管和智慧监管等工作。

(2)前期勘探作业现场监管工作实施

海事管理机构依法依规做好勘探作业船舶现场监督和作业水域安全管理工作。

2.3.2 施工阶段

2.3.2.1 施工阶段通航安全管理工作概述

根据《中华人民共和国安全生产法》《中华人民共和国行政许可法》《中华人民共和国海上交通安全法》《中华人民共和国内河交通安全管理条例》《中华人民共和国水上水下作业和活动通航安全管理规定》《中华人民共和国海事行政许可条件规定》等法律法规及规范性文件,在施工阶段,建设单位、施工单位应落实通航安全主体责任;海事管理机构主要负责海事行政许可、航行警(通)告发布、现场监管、责任链管理等工作。

2.3.2.2 施工阶段通航安全管理工作要领

1)建设单位、施工单位

(1)建设单位落实通航安全管理责任内容

①明确水上水下作业通航安全责任人;

②需要招投标的,在招投标前明确参与作业船舶、设施应当具备的安全标准和条件;

③要求并监督施工单位按照规定办理水上水下作业的许可、备案、通报,申请发布航行警(通)告,及时办理许可证的延期、变更、注销手续;

④建立并实施水上交通安全和防治船舶污染水域环境的责任制度和规章制度;

⑤与施工单位签订水上交通安全生产管理协议;

⑥定期对施工单位监督考核并做好记录,督促施工单位建立和实施水上交通安全管理体系,加强作业期间安全管理,落实水上交通安全和防治船舶污染水域环境的各项要求;

⑦要求并监督施工单位在水上水下作业过程中不得妨碍其他船舶的正常航行;

⑧要求并监督施工单位及时清除水上水下作业过程中产生的碍航物,不遗留任何有碍航行和作业安全的隐患,在碍航物未清除前按照规定设置标志、显示信号并将相关情况报告海事管理机构;

⑨在工程竣工后备案有关通航安全的技术参数;

⑩确保水上交通安全设施与主体工程同时设计、同时施工、同时投入生产和使用。

(2)施工单位落实通航安全主体责任内容

①明确水上水下作业通航安全责任人;

②按照规定办理水上水下作业的许可、备案、通报,申请发布航行警(通)告,及时办理许可证的延期、变更、注销手续;

③建立和实施水上交通安全管理体系,将施工船舶、设施、船员、人员和为作业服务的船舶及其人员纳入水上交通安全管理体系,定期监督考核并做好记录,加强作业期间安全管理,落实水上交通安全和防治船舶污染水域环境的各项要求;

④按照许可明确的作业方案、保障措施、应急预案和责任制度,使用核准的船舶、设施在安全作业区进行作业;

⑤与作业船舶、设施签订水上交通安全责任书,使船舶、设施保持在适于安全航行、停泊或者从事有关作业的状态;

⑥在现场作业的船舶或者警戒船上配备有效的通信设备,作业期间指派专人警戒,并在指定的频道上守听;

⑦在安全作业区设置相关的安全警示标志、配备必要的安全设施或者警

戒船；

⑧及时通报作业进度及计划；

⑨完善安全生产条件,保障施工作业、施工水域及施工船舶安全；

⑩水上水下作业和活动过程中产生的碍航物,在碍航物未清除前按照规定设置标志、显示信号并将相关情况报告海事管理机构。

⑪水上水下作业和活动结束后,应当及时消除可能妨碍水上交通安全的隐患。

(3)施工单位落实施工船舶安全主体责任主要内容

①施工单位应当督促施工船舶、设施加强水上交通安全和防治船舶污染水域环境,至少包括：

a.持有有效的法定证书、文书；

b.满足最低安全配员要求；

c.进行船舶进出港报告；

d.配备并开启船舶自动识别系统,按照规定显示号灯号型；

e.使用符合标准的船用燃油,做好船舶垃圾、生活污水、残油、含油污水等污染物的排放和接收。

②施工单位应当确保施工船船员持有相应的船员证书且施工船驾驶员中应有熟悉作业水域通航环境的驾驶员,参与作业的施工船船员应掌握作业方案、保障措施、应急预案和责任制度。

③施工单位应当加强施工人员安全管理,确保海上设施工作人员持有海上交通安全技能培训合格证明,其他施工人员掌握搭乘的施工船舶、设施总体布置、安全设备操作、应变部署、应急救生、在船安全管理等情况。

④施工单位应当加强施工船员、人员登离轮管理,如实记录登离轮情况,确保在船人员数量不超过施工船舶、设施救生定额。

⑤施工单位应当按规定组织开展应急演练。应急演练的内容包括：

a.人员落水；

b.人员紧急撤离;

c.船舶发生碰撞、搁浅、走锚、失控、火灾、爆炸、沉没等事故或者险情;

d.船舶油污应急;

e.恶劣气象及海况应急;

f.其他与水上交通安全有关的应急演练。

(4)建设单位落实风险管理主要内容

①实施施工安全专项风险评级,督促各施工单位制定风险防控措施。根据《公路桥梁和隧道工程施工安全风险评估指南(试行)》和《港口工程施工安全风险评估指南(沿海码头、护岸及防波堤分册)》有关要求,督促各标段组织开展各项施工安全专项风险评估,全面辨识涉水重大施工风险源,明确风险源等级;每项涉水重大施工,施工单位均须编制相应的施工通航安全保障方案,并制定风险防控措施。通过开展施工安全专项风险评估评级,提炼出风险源,明确专项评估风险等级和总体评估风险等级。

②实施水上交通安全风险管理工作机制,推行事前预防监管模式。通过评估分析,梳理出各类水上交通安全风险源,制定应对措施。

2)海事管理机构

(1)海事行政许可

①水上水下作业(活动)许可。

海事管理机构收到建设单位或者施工单位递交的申请材料后,按照《海事执法业务流程》,办理水上水下作业(活动)许可,自受理之日起15个工作日内完成,符合条件的,核发许可证;不符合条件的,不予许可并说明理由。

办理水上水下作业(活动)许可时,应主要审查以下内容:

a.水上水下作业(活动)是否已依法办理了其他相关手续;涉及的有关批准的文件和资料是否齐全完备,是否具备活动的实施条件。涉及岸线使用的,应取得国家相关部门的岸线批准文件;涉及采砂作业的,应取得水利部门核发的河道采砂许可证;涉及海域使用的,应取得海洋部门同意用海的批复文件;

涉及在港口进行可能危及港口安全的采掘、爆破等活动的,应取得港口行政管理部门批准文件。涉及抛泥的项目应落实接收地点。

b.建设单位或者施工单位是否落实安全生产的主体责任,将施工作业单位及参与作业船舶、浮动设施及人员纳入水上交通安全管理体系,明确了相关单位和人员的责任,并与其签订安全管理协议。

c.建设单位或者施工单位是否按照"三同时"要求同步建设水上交通安全设施,是否根据施工通航安全保障方案及专家组意见的要求,落实安全与防污染措施等。

d.参与作业(活动)单位是否具备法律、法规规定的资质,参与作业(活动)的船舶、浮动设施是否符合安全生产技术条件,参与作业(活动)的人员是否适任。

e.作业(活动)期间如涉及相邻水上构筑物或单位生产与安全的,是否进行了必要的沟通协调,并采取了相应的措施。

②大型设施、移动式平台、超限物体水上拖带许可。

海事管理机构按照《海事执法流程》,对内河通航水域或者岸线上和国家管辖海域内大型设施、移动式平台、超限物体水上拖带办理水上拖带许可,自受理之日起5个工作日内完成。

办理水上拖带许可时,应主要审查以下内容:

a.参与拖带的单位、人员和船舶、设施的数量。

b.确有拖带的需求和必要的理由。

c.海上拖带已经拖航检验,在内河拖带超限物体的,已通过安全技术评估。

d.船舶拟经过的路线和时段及其所经过水域水深、水域宽度和横跨建筑物净空高度等情况,船舶拟航行路线的具体时间段及该时间段内当时气象、水文等状况。

e.参与拖带船舶的适航性、船员的适任性,及船舶适于作业的情况。

f.对存在的影响通航安全及环境保护等问题采取的对策,以及通航安全保障和防污染措施的有效性,对安全和防污染有重大影响的已通过技术评审,以及是否按照通航安全保障方案和专家意见进行落实。

g.对通航安全影响重大的,应当组织有关部门进行会审或召开施工安全管理协调会议,审查研究通航安全管理措施和防污染措施。

③沿海水域划定禁航区和安全作业区许可。

海事管理机构按照《海事执法流程》,办理辖区沿海水域禁航区和安全作业区划定许可业务,自受理之日起15个工作日内完成。

办理沿海水域划定禁航区和安全作业区许可时,应主要审查以下内容:

a)禁航区划定:

a.《禁航区和安全作业区划定申请书》;

b.有关主管部门关于作业和活动的批准文件及其复印件(需办理批准手续的项目);

c.禁航实施理由、时间、水域、活动内容;

d.已制定安全及防污染措施的证明材料;

e.已通过评审的通航安全保障方案(对通航安全、防治船舶污染可能构成重大影响的);

f.委托证明及委托人和被委托人身份证明及其复印件(委托时)。

b)航路划定:

a.《航路划定申请书》;

b.海洋、军事(如涉及)等有关部门关于航路海域使用的批准文件或具有同等法律效力的其他文件及其复印件;

c.设置航路的有关技术资料、图纸、扫测结果和相关部门的意见及其复印件;

d.已通过评审的通航安全保障方案(对通航安全、防治船舶污染可能构成重大影响的);

e.委托证明及委托人和被委托人身份证明及其复印件(委托时)。

c)港外锚地划定：

a.《港外锚地划定申请书》；

b.海洋、军事(如涉及)有关部门关于锚地海域使用的批准文件或具有同等法律效力的其他文件及复印件；

c.锚地选址有关的技术资料(水文、气象、地质等)、图纸、扫测结果和相关部门的意见及复印件；

d.已通过评审的通航安全保障方案(对通航安全、防治船舶污染可能构成重大影响的)；

e.委托证明及委托人和被委托人身份证明及其复印件(委托时)。

d)安全作业区划定许可：

a.《安全作业区划定申请书》；

b.有关主管部门关于作业或活动的批准文件或具有同等法律效力的其他文件及其复印件(需办理批准手续的项目)；

c.已制定作业方案、安全防污染措施和应急预案的证明材料；

d.与通航安全有关的技术资料和图纸及其复印件(影响通航安全的)；

e.已通过评审的通航安全保障方案(对通航安全、防治船舶污染可能构成重大影响的)；

f.委托证明及委托人和被委托人身份证明及其复印件(委托时)。

④专用航标的设置、撤除、位移和其他状况改变许可。

办理专用航标的设置、撤除、位移和其他状况改变许可时，应主要审查以下内容：

a.拟设置、撤除、位移和其他状况改变的航标属于依法由公民、法人或者其他组织自行设置且属于海事管理机构管理职责范围内的专用航标；

b.航标的设置、撤除、位移和其他状况改变符合航行安全、经济、便利等要求及航标正常使用的要求；

c.航标及其配布符合国家有关技术规范和标准；

d.航标设计、施工方案,已经专门的技术评估或者专家论证；

e.申请设置航标的,已制定航标维护方案,方案中确定的维护单位已建立航标维护质量保证体系。

（2）航行警（通）告发布

水上水下作业与活动施工作业前,海事管理机构应当要求建设单位、主办单位或者施工单位按规定申请发布航行警（通）告。

涉水公路工程通航安全技术参数通过备案的,海事管理机构应当根据行政相对人的备案材料按规定发布航行通告。

（3）监督检查

①海事管理机构应当结合辖区情况,建立水上水下作业施工期和涉水公路工程运行期通航安全现场监督检查制度。

②海事管理机构应当依法检查参与施工作业的船舶、设施和人员,检查水上通航安全作业条件及采取的通航安全保障措施落实情况等。检查方式包括但不限于现场检查、听取汇报、查阅文件和作业记录等。

③水上水下作业施工期通航安全现场监督检查主要内容包括：

a.水上水下作业的项目、时间、地点、范围、参与施工作业的单位、船舶等是否与许可证列明的相关内容保持一致。相关项目设计、平面布置和通航安全技术参数是否与相关批文一致。

b.水上水下活动现场组织管理是否到位,安全管理责任是否落实,是否满足安全和防污染的要求,相关的制度是否健全并落实到位,是否按照应急预案的要求组织演练。

c.参与水上水下活动的船舶是否处于适航状态,船员是否适任。

d.参与水上水下活动的船舶是否办理进出港报告手续,是否按规定显示信号标志,是否保持AIS设备正常使用等。

e.是否落实施工通航安全保障方案以及评审意见的相关要求和建议,是否按要求配备值班人员及安全管理人员,是否落实现场警戒维护安全措施等。

f.是否存在违规违法等行为。

④涉水公路工程运行期通航安全现场监督检查的主要内容包括:

a.是否已进行通航安全技术参数备案。

b.涉及通航安全的技术参数是否与备案一致。

c.通航安全许可,相关安全技术报告及专家评审意见提出的措施和意见是否已得到全面落实。

d.航道通航条件影响评价审核意见落实情况。

e.安全主体责任是否落实,涉及通航安全、防污染的规章制度和应急预案等是否健全,日常管理是否到位。

f.水上交通安全配套设施、设备是否符合规定和运行正常。

⑤海事管理机构在监督检查过程中发现参与活动的船舶、人员等不满足安全生产的条件,存在水上交通安全隐患时,应当责令建设(业主)单位、主办单位或施工单位立即改正或者限期消除,必要时发放《事故隐患整改通知书》或《安全管理建议书》。拒不改正的责令其停止作业。

⑥海事管理机构在监督检查过程中发现违规违法行为应及时纠正,同时依法实施行政处罚或采取行政强制措施。必要时应当通报当地政府和水上水下作业的业主或建设单位或施工单位的上级主管部门。

⑦海事管理机构对业主或建设单位、施工单位或船舶所有人、经营人在从事施工作业过程中发生下列情形的,应当纳入诚信管理:

a.水上水下活动过程中发生水上交通事故,造成人员伤亡或水域污染的。

b.以不正当手段取得海事行政许可或备案,并违法作业的。

c.不服从管理,未按规定落实水上交通安全保障措施,存在重大通航安全隐患,拒不改正强行作业的。

(4)责任链管理

①组织开展责任链管理。采取深挖施工作业网络、追溯物料来源的合法

性、关注疏浚物倾卸作业和接收、责任链评估等措施,建立涵盖海事专职办、现场专职队伍、业主、施工单位、供应商、船舶管理公司、船舶经营人和船舶等单位及个人的全方位、全覆盖的安全生产责任链,实现对涉及施工的每一单位、每一船舶、每一人员、每一环节实施链条化和点对点的责任管理,将安全责任落实到各标段、各岗位、各人员,形成安全生产责任链管理,进行有针对性的风险防控措施。

②督促检查建设单位、施工单位落实通航安全主体责任的具体实施情况。

③建设单位、施工单位未落实通航安全主体责任的,海事管理机构按照《中华人民共和国水上水下作业和活动通航安全管理规定》《水上交通安全约谈管理规定》的要求组织约谈,责令改正;拒不改正的,责令其停止作业。

2.3.3 运营筹备阶段

2.3.3.1 运营筹备阶段通航安全管理工作概述

为保障涉水公路工程项目完工投入运营后工程项目建设水域良好的通航秩序和防止船舶碰撞桥梁,保障通航安全和项目安全运营。在项目运营筹备阶段,需要做好相应的通航安全方面的工作,主要有:落实通航安全技术参数备案、制度建设和对外公告等工作。

2.3.3.2 运营筹备阶段通航安全管理工作要领

1)通航安全技术参数备案

①海事管理机构应当在涉水工程涉及通航的部分完工或工程竣工后,督促和指导建设或业主单位开展涉水工程通航安全技术参数备案。

②涉水公路工程通航安全技术参数备案应采用书面形式,技术参数包括:名称、位置、通航桥孔、通航净空尺度、设计最高水位、设计代表船型、桥梁底高

程、设计最低弧垂高度、安全富余高度、防撞设施及防撞能力、导助航标志及设施等。

2）制度建设和对外公告

(1)交通运输主管部门

会同航道管理机构、海事管理机构及营运管理单位确定桥区水域并公布。

(2)营运管理单位

①建立健全安全生产责任制,落实桥梁水上交通安全保障措施。

②及时向海事、航道管理机构提供相关通航安全数据。

③组织落实运营筹备期水上交通安全保障措施,并报告海事管理机构。

④按设计标准设置桥梁防撞装置并定期检测维护。

⑤加强桥区安全监控,发现异常情况时应及时处置,并向海事管理机构等相关部门报告。

⑥应当配合海事管理机构依法履行监管职责,不得拒绝或阻挠。

(3)海事管理机构

①制定桥区水域水上交通安全特别规定(需要时)。

②应加强桥区水域水上交通安全监督管理,督促有关单位落实安全生产主体责任和各项安全保障措施,保障桥区水域水上交通安全。

(4)海事、航道管理机构

按有关规定及时发布航道(行)通告,向社会公布桥梁名称、位置;通航桥孔、通航净空尺度;设计通航水位;通航桥孔梁底标高;防撞设施及防撞能力;导助航标志及设施等。

第 3 章
CHAPTER 3

涉水公路工程建设项目通航安全保障

基于现阶段涉水项目施工期通航安全保障工作基本上由海事管理机构受建设单位或施工单位委托承担实施的实际现状，为规范、指导海事管理机构高质量实施涉水项目施工期通航安全保障工作以及涉及的取费和费用管理等工作，实现保障工作流程控制和闭环管理，本章在总结梳理港珠澳大桥和深中通道建设施工期通航安全保障工作经验的基础上，形成可操作的通航安全保障工作实务，供海事管理机构和涉水项目业主、施工单位在项目前期阶段开展涉水项目施工期通航安全保障专项设计、落实通航安全保障费；在施工阶段开展通航安全保障工作、管理通航安全保障费用；在结算阶段做好费用结算等相关工作时，结合实际参照使用。

3.1 通航安全保障相关概念

3.1.1 工程保通管理费

《公路工程建设项目投资估算编制办法》(JTG 3820—2018)和《公路工程建设项目概算预算编制办法》(JTG 3830—2018)在第3.3.8条中对"工程保通管理费"进行了定义。工程保通管理费是指新建或改(扩)建工程需边施工边维持通车或通航的建设项目，为保证公(铁)路运营安全、船舶航行安全及施工安全而进行交通(公路、航道、铁路)管制、交通(铁路)与船舶疏导所需的和媒体、公告等宣传费用及协管人员经费等。工程保通管理费应按设计需要进行列支。涉水项目施工期通航安全保障费用计算按"计算方法"执行。

3.1.2 通航安全保障工作

涉水项目施工期通航安全保障工作，是指涉水项目施工期为降低施工活

第3章 涉水公路工程建设项目通航安全保障

动与过往船舶航行的相互影响,保障施工安全顺利和施工影响水域的公共通航安全畅通,而专门投入一定的人员、设备、船艇,对施工与通航相互影响的水域实施相应管控措施的统称。

3.2 通航安全保障工作实施路线

海事管理机构参与涉水项目建设通航安全保障工作及费用管理工作的实施路线如图3.2-1所示。

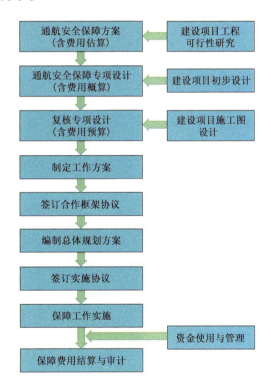

图3.2-1 建设项目通航安全保障工作实施路线框图

随着通航安全保障费清单计量研究的不断深入完善,后续涉水项目施工通航安全保障工作有可能采用"工程量计量模式"或"合同承包方式"。因此,各海事管理机构在参照本书相关内容时,应结合项目实际情况和相关法律法规要求,科学合理、精准有序开展通航安全保障工作和费用管理工作,而不仅限于本书所采用的实施模式。

3.3 涉水项目建设前期阶段通航安全保障工作

涉水项目建设批复开工前,属项目建设前期工作阶段。涉水项目建设通航安全保障工作在项目建设前期工作阶段的主要工作为:专项设计和落实费用,由建设单位完成,海事管理机构配合。保障费用计算按估算、概算、预算进行分阶段控制。

3.3.1 前期阶段通航安全保障工作内容

前期阶段分为工程可行性研究阶段、初步设计阶段、施工图设计阶段,主要工作内容包括:

(1)编制通航安全保障工作方案,落实通航安全保障投资估算费用;

(2)编制通航安全保障工作专项设计报告,落实通航安全保障概算费用;

(3)复核通航安全保障专项设计,落实通航安全保障预算费用。

3.3.2 前期阶段通航安全保障工作实施

前期阶段通航安全保障工作由涉水项目建设单位主导实施,考虑到海事部门熟悉通航安全保障业务,了解保障需求,为在前期阶段系统分析保障工作内容、全面汇总保障工作量、准确计算保障费用,确保后续保障工作的有序开展,海事管理机构需提前介入和规划、充分沟通、积极参与前期各阶段通航安全保障工作的可行性研究、设计、咨询等工作,提醒、督促建设单位落实通航安全保障估算、概算、预算费用,为施工期顺利开展通航安全保障工作解决资金来源,做好通航安全保障的资金保障工作。

3.3.2.1 工程可行性研究阶段

1)编制施工期通航安全保障工作方案

工程可行性研究工作需全面分析和比选各种可能的选择方案后作出投资结论,而涉水项目施工期通航安全保障费用是工程项目投资的重要组成部分,为防止漏项,海事管理机构应督促建设单位根据项目建设水域通航环境和工程可行性研究确定的建设方案深入分析通航安全保障需求,编制施工期通航安全保障工作方案,编列进工程可行性研究报告第8章实施方案中,并做好保障方案比选,初步确定工作内容和工作量。

依据《公路工程建设项目投资估算编制办法》(JTG 3820—2018)附录H"计算方法",结合工程可行性研究报告确定的通航安全保障工作量,计算施工期通航安全保障投资估算费用。

建议措施:广东海事局在牵头开展"计算方法"研究时,选取部分代表性的公路工程涉水项目,进行施工期通航安全保障费用计算水平测算,测算结果表明通航安全保障费用占涉水项目建设总投资的占比为:内河涉水项目在0.2%~0.5%,沿海涉水项目在0.6%~0.7%,测算出的费用占比与通航安全保障费用的实际占比基本一致,能够满足我国当前施工期通航安全保障工作需要。建议参考测算结果中通航安全保障费用占比的经验做法,测算施工期通航安全保障投资估算费用,与"计算方法"计算出的估算费用进行对比,如果计算出的施工期通航安全保障投资估算费用与测算费用相差不大,则较为合理可信。

2)落实通航安全保障投资估算费用

将施工期通航安全保障投资估算费用列入工程项目投资估算,通过主管部门的项目立项批复(一般项目由省发改委批复,超大项目由国家发改委批复)。

3.3.2.2 初步设计阶段

1）编制通航安全保障工作专项设计报告

在初步设计阶段，海事管理机构应督促建设单位，依据《公路工程建设项目概算预算编制办法》(JTG 3830—2018)附录G"计算方法"，根据项目建设水域通航环境和初步设计确定的建设方案和施工组织方案，进行通航安全保障专项设计，编制通航安全保障工作专项设计报告（专项设计主要内容详见《涉水项目施工期通航安全保障费用计算方法应用指南》第2.2、2.3条），明确通航安全保障工作内容和工作量。

依据《公路工程建设项目概算预算编制办法》附录G"计算方法"，结合专项设计报告确定的通航安全保障工作量，计算施工期通航安全保障概算费用。

2）落实通航安全保障概算费用

将施工期通航安全保障概算费用列入工程项目初步设计概算，通过主管部门审批（一般由交通运输部或省交通运输厅审批）。

3.3.2.3 施工图设计阶段

1）复核或修编通航安全保障专项设计报告

在施工图设计阶段，主要是复核通航环境、建设方案和施工组织方案是否与初步设计阶段相一致，有无调整变化。

（1）如无调整，则沿用初步设计阶段的专项设计，通航安全保障预算费用直接采用概算费用。

（2）如有调整，则修编通航安全保障工作专项设计报告，列入施工图设计文件附件基础资料中。

依据《公路工程建设项目概算预算编制办法》附录G"计算方法"，结合修

第3章　涉水公路工程建设项目通航安全保障

编后的专项设计报告确定的通航安全保障工作量,计算施工期通航安全保障预算费用。

2)落实通航安全保障预算费用

将施工期通航安全保障预算费用列入工程项目投资预算,通过政府主管部门审批(一般由省交通运输厅审批)。

3.4 涉水项目施工阶段通航安全保障工作

涉水项目批复开工之日至交工验收之日,属施工阶段。目前,涉水项目施工期通航安全保障工作无法由社会力量单独承担实施,一般由建设单位委托海事管理机构实施。因此,涉水项目施工期通航安全保障工作与费用管理工作,在施工阶段由海事管理机构和建设单位共同完成。

3.4.1　施工阶段通航安全保障工作内容

施工阶段通航安全保障工作是通航安全保障工作的核心,主要内容包括:建立组织机构、总体工作部署、制定制度与签订协议、实施现场保障、保障费用核算与资金管理等。

3.4.2　建立组织机构

必要时,应成立海事局涉水项目建设水上交通安全工作领导小组及其办公室,作为专门海事管理机构,建立以专职办或重大办为协调中心,海事局各业务部门、各现场专职队伍为业务、技术支持的层次分明、分工有序、相互协调的组织机构。组织机构示意如图3.4-1所示。

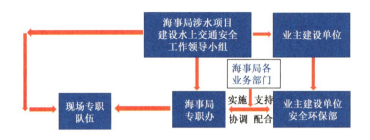

图 3.4-1　组织机构示意图

1）管理原则

三有利：有利于发挥海事监管资源综合效能；有利于施工安全监管的组织实施；有利于为参建单位提供便捷高效服务。

五统一：统一对外协调；统一对外办理海事政务工作；统一组织协调施工通航安全保障服务工作；统一制定通航安全保障、航海保障要求和规定；统一对外商定通航安全保障相关事宜。

2）管理思路

安全管理专职化：组建专门组织机构，代表海事管理机构对外统一办理海事政务工作，对内建立统一管理的工作实施程序和沟通协调机制；并由相关单位分别组建现场专职队伍，落实各施工区段现场安全工作的具体实施，解决"多头管理、权责不清，协调困难、效能低下"等问题。

安全保障项目化：将整个施工通航安全保障工作作为一个"安全项目"，由海事管理机构或专业力量按项目管理要求统一组织实施。

管理手段信息化：充分运用互联网、云计算、大数据、智慧海事等现代科技手段，做好项目建设相关的信息化管理工作，促进安全工作。

3）管理模式

实施"四个一"和"三级管理"的海事管理模式。"四个一"即一个机构对外、一个窗口办事、实行一套规则、执行一个指令。"三级管理"即专门海事管理机构（即专职办）向领导小组负责，现场专职队伍向专职办负责。

3.4.3 总体工作部署

1）目的

通航安全保障工作事关项目建设安全和周边港口生产及船舶航行安全,是项目建设安全工程的重要组成部分。涉水项目建设往往时间长、保障项目多、保障工作量大、协调事务繁杂,同时建设水域可能跨辖区、涉及不同的管理机构,不同的施工单位和不同的保障工作错综复杂,为保证项目建设通航安全保障工作有序高效实施,需要对通航安全保障采用项目化管理。

通航安全保障实施项目化管理,就需要通过建立统一的组织机构和完善的保障机制、整合有限的保障资源、安排合理的保障资金,提供优质的保障服务,达到统一组织实施、统一对外商定保障费用、统一管理履职和保障服务工作的同步协调性,实现安全保障目的。

2）总体工作部署主要内容

(1)建立专职组织机构,明确专职队伍、工作职责和工作机制、协调机制等。

(2)保障资源。

①保障力量调配原则。

通航安全保障工作受工作环境影响大、专业性强、工作时间长、工作面广、工作量大,需要具有特殊性能的船艇、特别敬业和专业人员参与保障工作,应按照最有利于保障工作开展的要求,由专职机构统一组织,专职队伍合理调配保障船艇和人员,并按如下原则实施调配。

a.最熟悉保障工作水域环境的人员;

b.最适合保障工作需求的船艇;

c.最便利于调配的船艇和人员。

②保障力量参与要求。

a.具有在保障水域实施保障工作的资质和能力;

b.按方案要求时间到达指定的地点执行指定的任务；

c.执行专职机构的指令、服从专职机构的调度。

③保障力量日常管理。

a.参与保障工作的船艇和人员的日常管理由原所在单位实施；

b.保障参与单位应做好所需船艇和人员的储备工作，并保持船艇良好的技术状态，以满足保障工作需求；

c.参与单位应为保障船艇配备足够的船员和工作人员，并根据实际需求或专职机构的要求及时补充、调整；

d.做好保障工作期间的工作记录，及时报送工作报表。

(3)保障资金。

①保障资金来源。

涉水项目施工期通航安全保障资金列入项目建设投资估算、概算和预算，用于工程建设通航安全工作。

②保障资金制度。

为保障涉水项目施工期通航安全保障工作有序开展，规范保障资金使用，应结合初步设计批复的概算金额制定相应的管理文件，以加强对通航安全保障工作和保障资金的管理。

(4)保障资金使用。

①保障资金的使用范围。

保障资金是通航安全保障工作顺利实施的重要保障，应能充分保障涉水项目施工期通航安全保障工作的各个方面，保障资金的使用范围需经业主建设方和海事双方商定后确认。主要用于但不限于以下方面：

a.临时设施相关费用；

b.临时设备相关费用；

c.信息化管控相关费用；

d.现场保障工作相关费用；

e.课题研究费用;

f.航标航测保障费用;

g.宣传宣贯费用;

h.咨询费用;

i.办公、会议及人员差旅等管理性费用;

j.其他费用。

②保障资金的使用原则。

保障资金是涉水项目施工期通航安全保障的专项资金,为确保保障资金使用安全,应建立专项资金使用管理程序,使资金使用过程实现事前有计划、事中有监管、事后有审计。

a.事前有计划:各单位应根据年度通航安全保障工作计划,合理规划保障资金,并将保障资金纳入年度预算。

b.事中有监管:在使用资金过程中接受职能处室的监督,保证专项资金使用不超范围、不超标准。

c.事后有审计:保障资金使用后,由审计部门开展对资金使用情况的审计工作,不断规范和完善资金使用工作。

3)措施

编制涉水项目建设水上交通安全监督管理工作总预案或总体工作方案。港珠澳大桥和深中通道建设均是采取编制总预案的方式实施。

3.4.4 制定制度与签订协议

3.4.4.1 建立多层次的管理制度与协议体系

为做好通航安全保障工作,在工作实施前期,应考虑制定总预案、签订合作框架协议、发布总体规划方案、签订实施协议、制定实施细则(工作手册)等,建立多层次的管理制度与协议体系。

（1）体系核心：水上交通安全监督管理工作总预案或总体工作方案。落实管理要求，履行海事职责，是水上交通安全监督管理工作的总纲领和总的指导性文件。

（2）体系基石：通航安全保障合作框架协议。相关单位签订协议，明确就项目建设通航安全保障工作进行全面合作。

（3）体系主体：通航安全保障总体规划方案。对通航安全保障工作进行总体规划，明确项目建设通航安全保障工作的工作内容、工作计划和资金计划。

（4）体系支撑：通航安全保障实施协议。对通航安全保障工作内容和责任进行明确。

（5）体系指引：通航安全保障实施细则、工作手册、工作指南、办理指南等。对通航安全保障工作的具体实施进行明确。

3.4.4.2　合作框架协议

1）目的

为共同做好涉水项目建设，保障水上交通安全，维护项目建设水域良好的通航秩序，依据《中华人民共和国安全生产法》《中华人民共和国海上交通安全法》《中华人民共和国水上水下作业和活动通航安全管理规定》的有关要求，业主建设方与海事部门方就项目建设期间通航安全保障工作进行全面合作。

2）协议主要内容

（1）双方同意，本着"精诚合作、务实高效"的原则，发挥各自优势，根据协议约定共同做好项目建设通航安全保障工作。

（2）双方约定，在项目建设期间，业主建设方根据有关法律法规要求，落实建设单位安全生产责任，同时为项目建设提供通航安全保障工作资金。海事部门方依法做好建设期间通航安全监管工作，同时按照建设服务型政府的要求牵头做好通航安全保障工作。

（3）双方同意按项目建设对通航安全保障工作的实际需求，共同制定并实施项目建设通航安全保障"总体规划方案"和"具体工作实施协议"，共同规划和实施通航安全保障工作。

（4）因合作框架协议的履行产生的任何争议和其他未尽事宜，双方应友好协商解决。

3）措施

业主建设单位与海事部门签订《涉水公路工程建设通航安全保障合作框架协议》（简称《框架协议》）。

3.4.4.3 总体规划方案

1）编制总体规划方案

在签订《框架协议》的背景下，通过海事部门与建设单位共同编制《通航安全保障总体规划方案》（简称《总体规划方案》），结合工程实际规划通航安全保障工作，有计划地按年度实施、科学合理地使用保障费用。

（1）编制目的

编制现场保障方案框架，明确保障工作内容，规划保障费用使用和管理，为保障费用预算、审计等工作开展提供支撑。

（2）基本原则

①规划费用总量控制，要与概算批复保持一致。

②突出保障工作重点，优先保障重点项目建设。

③确保基础项目运行，细致规划组织管理工作。

④结合保障实施需求，合理调剂各项保障费用。

⑤保持相互沟通协商，及时提供必要支持协助。

⑥加强资金管理控制，保证费用使用合理合规。

2)主要规划内容

(1)规划现场保障工作

①保障组织。

结合工程建设特点,组织、策划通航安全保障工作,组织相关单位开展保障工作方案编制、保障工作布置实施、应急防控、课题研究、宣传宣传等。

②航行保障。

航行保障指项目建设期间施工作业影响社会船舶公共通航安全的情况时,布置海事保障指挥船艇,采用巡航、值守等方式,保障施工项目水域船舶施工和航行安全。

a.规划施工水域保障的工作内容,包括日常巡航值守、现场核查和专项行动等,编制施工水域保障工作方案。

b.按照施工计划,规划航道转换、临时通航水域设置等公共水域的通航安全保障工作,结合实际需求编制保障工作方案。

c.参照施工水域范围、保障水域距岸距离、通航环境等因素,根据保障指挥船的巡航值守能力,规划参与保障工作的海事保障指挥船艇的数量、级别和保障工作时间等。

d.根据参与保障工作的海事机构设置和人员配备情况,规划保障所需的人员投入、车辆使用等。

③施工保障。

施工保障是指根据施工建设保障需求,针对性组织开展的专项保障工作,如开展沉管浮运安装、大型构件运输、箱梁架设等特殊施工作业开展的通航安全保障。

a.按照施工计划,规划施工保障的工作内容,结合实际需求编制保障工作方案。

b.根据施工工艺,结合保障工作实施的通航环境,规划参与保障工作的海事保障指挥船艇的数量、级别和保障工作时间等。

c.根据参与保障工作的海事机构设置和人员配备情况,规划保障所需的人员投入、车辆使用等。

（2）规划临时设施设备

临时设施指为实施通航安全保障工作而需使用的办公或生活临时建筑物等；临时设备指因工程建设,导致船舶航路、航法或交通管理系统改变,为引导船舶安全航行而需要新建或改建的导助航设备。

①临时设施。

根据施工建设保障需求,规划临时办公场所建设、日常消耗等。

②临时设备。

根据施工建设保障需求,规划信息化建设、导助航设备等。

（3）规划综合管理工作

综合管理是指海事部门对通航安全保障工作的规划、咨询、决策、组织、指挥、协调、监督及内部管理工作的一个统筹管理。规划综合管理工作中所需的人员投入、车辆使用、审计监督等。

3.4.4.4　签订实施协议

为了进一步加强和细化海事部门与建设单位之间的合作关系,明确双方规划的通航安全保障工作的实施原则及资金保障方式,合作双方应签订通航安全保障实施协议。

3.4.5　实施现场保障

根据施工计划,由海事部门牵头组织建设单位、施工单位开展保障工作方案联合审查、评估等工作,共同确定保障工作的实际需求,布置保障工作任务,由海事部门统筹实施。

现场保障包括航行保障和施工保障两个部分。

3.4.5.1 航行保障

涉水项目建设施工占用通航水域,改变水域原有的通航环境,影响过往船舶航行,为降低航行安全风险,保障船舶安全航行,需实施一系列航行安全保障措施。

1)总体保障格局

通过现场巡航与值守、交管专台(专室)监控等保障方式,实施网格化和专业化监管,对施工水域、航道和船舶实现24小时全方位保障服务。

专业化监管主要包括远程监控专台化、近程监控专室化、现场监管专职化、责任落实专人化。

2)施工水域安全保障

共同构筑以"岸上建设单位共享信息中心、海事交管专台和专室的智慧管控——海中现场保障指挥船——导助航设施(如海上作业区专用标)——现场施工警戒船——水中构筑物警示标识"为主的施工水域综合防护体系。

3)施工船舶和施工平台管理

建立准入标准,规范、简化准入流程,海事、监理、施工单位共同核(审)查入场条件。

建立施工船舶现场管理标准,规范施工单位的施工船舶管理;制定施工船舶悬挂标志旗管理标准,规范施工船舶与过往船舶的标识区分,加强施工船舶的组织管理。实施施工平台标准化管理,通航水域附近的施工平台配置专职安全员,制定施工警示措施。建立"一船一档",制定施工船舶专用航线,必要时应设置施工船舶临时横越区等,实施施工船舶进入施工水域报告制,规范船舶航行、作业和停泊。引入专业船管公司,加强对施工单位非自有船舶的管理。制定分类管理措施,如疏浚物运输管理措施,明确要求疏浚物岸抛时对参与运输的开底驳采取封舱。

4)航道(路)调整(或转换)管理

按调整前规划、设计、审查、协调、布置;调整中保障;调整后评估的方式进行阶段式推进和闭环管理。主要措施包括:制定航道(路)调整设计方案、编制航道(路)调整通航安全保障方案,咨询相关单位意见,组织召开审查会。制定航道(路)调整交通组织和管制及现场保障方案。组织联合会审工作布置会,形成工作布置表,明确工作任务、完成时间,责任单位和联络人,协调落实航道(路)水深扫测、航标设置/维护、示意图制作、航行通告发布、宣传宣贯、开通实施等工作。启用新航道(路),实施交通组织、交通管制、现场保障和警戒工作。交管专台发布航行安全信息,共享信息中心监控周边施工水域,与专职队伍的现场保障船和施工单位的警戒船相互协调配合,及时处置突发事件,保障航道(路)通航安全。组织调整后评估,总结航道(路)调整工作。

5)航海保障

(1)航标保障

按航道助航标与海上作业区专用标进行分类组织实施。海事部门组织实施项目建设涉及的航道的助航标志保障相关工作;建设单位组织实施施工作业区海上专用标保障相关工作。必要时,应为项目建设布置航标工作船、巡标艇,运用航标运行管理信息化系统,建立"一标一档",落实建设期航标维护保养和应急修复工作。

(2)测绘保障

项目建设需要进行各种水深测量服务,施工水域示意图和总图制作、海图改版,通航环境数据信息服务及维护等,由相关的测绘中心根据工作布置要求实施。

6)应急保障

将台风等极端灾害天气列入重大外部环境风险进行防范,实施联合防台管理模式。建立由海事部门管理、建设单位主导、施工单位落实、监理单位监督、船舶方执行、第三方协助的六方联动防台机制,重点做好防台工作部署、防台水域规划等工作。

防台工作部署。编制防台应急预案、工作指南、防台工作手册、年度施工船舶防台工作实施方案;开展防台应急演练;整合防台应急资源,组建项目建设"平安水域"志愿救助队,实现联防联治、互助互救局面。落实防台安置点,统筹应急救援队在施工水域全线合理布置拖轮、起锚艇、大型浮吊、交通船和救援人员等应急力量。

防台水域规划。将防台水域细化到各标段和各船舶,落实到船员。分类落实特种船舶和普通船舶的推荐防台水域。

台风前:组织召开防台工作会议,了解各单位防台工作准备情况及需求,部署防台措施,督促各单位落实防台工作,制定施工船舶防台计划申报表。

台风中(应急响应启动):召开防台部署会,在共享信息中心实施防台统一调度指挥、值守和统筹协调工作,及时发布台风预警信息,根据台风实际情况发布停工指令,组织人员、船舶转移撤离;台风登陆前2天参建人员全部转移、施工船舶全部回港避台,组织拉网式复查。

台风后:了解各单位防台情况,组织开展防台总结。

7)信息化保障

解决安全生产深层次矛盾和问题,根本出路就在于创新,关键要靠科技力量。项目建设过程中,海事部门应与建设单位共建共享信息中心,信息中心应在遵循交通运输部信息化顶层设计基础上,融合智慧海事平台和BIM平台,涵盖"基础数据、船舶管理、施工船船员管理、区域管理、通航要素管理、安全信息预警、防台、特种作业保障、水工作业一张图"等功能模块,通过定制化信息化保障服务,实现"智慧工地+智慧水域"。

3.4.5.2 施工保障

施工保障指大型构件运输和安装等高风险施工作业过程中,对外部通航环境要求较高时,为防止外部因素对施工作业造成不利影响,需要专门投入船艇、人员和设施设备开展现场保障等工作。主要包括大型构件运输与安装的护航、航道封航等。

运输护航保障措施。编制总体运输作业通航安全保障方案,进行专家咨询,提交海事部门组织审查。编制总体运输作业水上交通安全保障工作手册,明确各项工作的实施标准和流程。成立运输护航组织机构(如联合工作组及总指挥部),明确工作职责,制定运输护航保障工作方案和工作程序,每次运输按程序落实各项工作。运输护航现场保障和交通管制措施:建立工作协调机制;实施专船现场保障;智慧盯防,落实科学防范措施(如专台播发航行通告,专室提前发布航行安全相关信息;专台值守,动态发布实时航行安全信息,做好提醒和监管等);及时沟通联络和应急报告(现场运输船、警戒船守听指定VHF频道,执行专台和现场保障指挥船的指令;建立工作微信群,提升信息沟通的效率和时效;发生险情及时报告值班室)。运输护航保障工作程序见表3.4-1。

运输护航保障工作程序表　　表3.4-1

序号	任务	单位
1	运输方案及通航安全保障方案编制、安全咨询	施工单位
2	护航工作方案编制	海事部门（保障单位）
3	运输方案及通航安全保障方案审查	海事部门
4	大型拖带许可审批,护航工作布置	海事部门（保障单位）
5	运输作业及护航工作确认(作业前)	联合工作小组
6	航行通告发布(作业前)、宣传宣贯	海事部门
7	航标调整(需要时)	航标管理部门

续上表

序号	任务	单位
8	航道扫测(需要时)	测绘部门
9	航行警告播发(作业时)	海事部门
10	航行警告加密播发(需要时)	海事管理机构
11	工作值守	联合工作小组
12	护航船队及人员到达指定位置	海事部门（保障单位）
13	航前检查	施工单位、海事管理机构（保障单位）
14	运输实施、现场护航、交管专台交通管制	施工单位、海事部门（保障单位）
15	完成运输护航、交管专台交通管制工作	海事部门（保障单位）
16	关闭工作值守	联合工作小组
17	总结	联合工作小组

航道封航保障措施。航道封航涉及业主、施工单位、海事部门等，影响过往船舶正常航行，由相关各方共同制定工作方案，确定工作程序，按工作方案和程序开展相应工作。封航工作程序见表3.4-2。

封航工作程序表　　　　　　　　　　　　　　表3.4-2

序号	任务	单位
1	提交航道封航申请	施工单位
2	航道封航工作布置	海事部门
3	航行通告发布	海事部门
4	宣传、宣贯	海事部门
5	航标调整(需要时)	航标管理部门
6	保障船艇及人员到达现场，实施封航警戒	海事部门（保障单位）
7	航行警告播发或加密播发(需要时)	海事部门

续上表

序号	任务	单位
8	航道封航	海事部门 （保障单位）
9	航道扫测与航标恢复(需要时)	施工单位或建设单位
10	航道恢复航行通告发布(需要时)	海事部门
11	现场封航及警戒解除	海事部门 （保障单位）
12	恢复通航	

3.4.5.3 现场保障工作程序和工作记录

(1)施工单位制定各分项工程建设的通航安全保障措施方案。

(2)专职机构组织对施工单位提交的通航安全保障措施方案进行联合审查。

(3)专职机构组织召开施工作业通航安全保障工作布置会议,明确保障工作内容,审查海事现场保障专职队伍的保障方案,讨论协调通航安全相关事项;布置具体保障工作。

(4)现场保障专职队伍按保障工作布置会要求,落实现场保障工作,并做好现场保障工作台账的痕迹记录。

3.4.6 保障费用核算与资金管理

3.4.6.1 保障费用核算

保障费用是指保障单位根据保障工作任务要求开展现场保障工作的所需费用。保障费用核算按程序分为四个步骤：

1)核定保障工作量

核算保障费用的前提条件是核定保障工作量,保障工作量主要包括船艇、人员的现场投入情况,由海事部门与建设单位共同核定。

(1)报送保障工作量

参与现场保障的船艇、人员定期报送能够反映实际保障工作量的船艇保障任务报告表,如表3.4-3所示。

船艇保障任务报告表 表3.4-3

单位名称:_____
船艇名称:_____   主机功率(kW):_____
辅机功率(kW):_____
填表时间:_____

序号	任务内容	出发地			到达地			里程(nm)	任务中在航时间(h)	任务中值守时间(h)	船员人数	海事人员人数	备注
		月	日	分/时	地点	月	日	分/时	地点						

报告人:_____   单位审核人:_____

报送内容及要求如下:

①船艇基础数据,包含船艇所属保障单位、船舶主机和辅机功率;

②保障任务内容,应与保障工作的布置情况保持一致;

③船艇工作动态,包括船艇出发位置、到达位置和具体时间;

④保障任务数据,包括任务中船艇的航行里程、巡航和值守工作时间、船员人数和参与保障的海事人员人数等;

⑤报表由船艇所属单位负责填报并保证填报内容的真实性。

（2）审核保障工作量

海事部门指派专人负责收集、统计各现场保障单位参与现场通航安全保障任务的工作量信息，按工作任务布置时的具体要求开展相关数据的审核。

海事部门将审核后的工作量资料汇总后交建设单位确认，经确认后，双方共同开展保障费用核算。

2）确定费用核算标准

海事部门与建设单位参照国家现行的相关标准开展现场保障费用核算。本书参考以下核算标准：

（1）船艇费用

根据船艇工作量核算相关保障费用，核算方式可按照《涉水项目施工期通航安全保障费用计算方法》中提出的巡航艘班单价与值守艘班单价方式计算；核算标准按照交通运输部现行《公路工程机械台班费用定额》（JTG/T 3833）相同或相近主机功率的拖轮台班单价计算，即船艇巡航艘班单价=不变费用+可变费用（人工费、燃料费、淡水费）；船艇值守艘班单价=人工费+10%燃料费+淡水费。

不变费用与可为费用核算标准见表3.4-4。

费用核算标准表　　　　　　　　　　　　表3.4-4

代号	功率(kW)	C 不变费用（元）	D 可变费用 人工（工日）	E 可变费用 柴油（kg）	F 可变费用 水（m³）
8019001	44以内	130.32	3	32.69	
8019002	88以内	260.63	3	65.37	
8019003	147以内	437.37	4	101.03	
8019004	176以内	523.65	4	120.35	
8019005	221以内	657.53	4	151.55	1.2
8019006	294以内	874.73	5	201.60	3.3
8019007	368以内	1301.84	5	252.35	3.3

续上表

代号	功率(kW)	C 不变费用（元）	D 可变费用 人工（工日）	E 可变费用 柴油（kg）	F 可变费用 水（m³）
8019008	441以内	1616.96	5	277.21	3.3
8019009	588以内	2682.59	5	369.61	3.3
8019010	794以内	2918.79	6	499.10	3.3
8019011	882以内	4155.15	6	554.41	3.3
8019012	1228以内	5008.46	6	701.73	3.3
8019013	1441以内	5425.15	6	823.45	3.3
8019014	1941以内	9931.98	11	1109.17	3.3
8019015	2353以内	14922.02	11	1210.14	3.3
8019016	2500以内	17607.99	14	1285.74	
8019017	2942以内	22979.90	14	1513.06	

人工单价取现行《公路工程机械台班费用定额》（JTG/T 3833）中的船舶人工工日单价与当地现行标准的人工工日单价中的较大者计算。柴油单价、水单价参照当地现行标准。

巡航艘班单价与值守艘班单价计算公式见表3.4-5。

艘班单价计算表　　　　　　　　　　　　　　表3.4-5

人工单价（元/工日）	柴油单价（元/kg）	水单价（元/m³）	巡航艘班单价（元）	值守艘班单价（元）
G	H	I	C+D×G+E×H+F×I	D×G+E×H×10%+F×I

（2）保障人员费用

根据海事人员工作量核算的相关保障费用，核算方式根据工作时间按八小时一班核计人员班次，汇总人数后，参考国家差旅费用相关标准核算费用。

3）费用核定

海事部门与建设单位共同开展保障费用管理工作，制作保障费用核算表（表3.4-6），双方确认保障费用金额。

保障费用核算表 表3.4-6

保障船艇	船艇巡航时间		船艇值守时间		海事人员核定人数	核算标准			核定费用	
	报表工作量	核定工作量	报表工作量	核定工作量		巡航标准	值守标准	海事人员费用标准	船艇费用	人员费用

4)保障费用最终结算和审计

海事部门配合建设单位做好通航安全保障费用最终结算和审计相关工作。

3.4.6.2 保障资金管理

1)年度预算

年度预算是年度资金支付和使用的主要依据。海事部门根据《总体规划方案》的年度资金计划、建设单位的年度工程实施计划以及当年保障工作安排等实际情况,每年第四季度编制下一年度的年度预算方案。由海事部门与建设单位双方共同审核后,按预算管理相关规定实施。

2)资金支付

建设单位每年根据年度预算分两次向海事部门支付保障费用。每年的2月份前第一次支付当年预算70%的保障费用,8月份前根据上年度保障费用结算情况,第二次支付当年预算的30%,完成当年全部预算费用的支付。

3)资金结算

本年度费用支付完成后,以自然年为单位,于次年对本年度的全部费用进行结算,可通过第三方审计机构的年度审计报告作为结算依据,并经双方共同确认最终使用金额。

年度结算完成后,如果结算金额超过结算年度按照年度预算支付的金额,超出部分在结算年度的下一年度的第二次支付中补足,如果结算金额低于结算年度按照年度预算支付的金额,剩余部分相应在结算年度的下一年度的第二次支付中扣除。

4）资金拨付

保障资金需要拨付给海事相关部门和下属单位时,根据结算方式的不同,可以分为两类:

第一类是按照年度预算支付,年终根据实际发生数进行结算。

第二类是年终根据费用标准和核定的工作量进行结算。

5）审计监督

按照内部控制要求,经济业务的管理都必须有监督环节,和其他环节共同构成闭环管理。保障资金的监督主要是审计监督,审计监督除了作为资金结算依据,还需涵盖保障资金管理的全方位和全过程,落实好费用使用期间的事前、事中和事后管控,保证经费的合理使用。

3.5 核算标准适用范围说明

《涉水项目施工期通航安全保障费用计算方法》适用于沿海水域、航道等级Ⅲ级及以上的内河水域。当项目建设水域属于航道等级Ⅲ级以下的内河水域时,原则上《涉水项目施工期通航安全保障费用计算方法》不再适用,应采用当地现行的概预算编制办法相关补充规定的标准进行核算；当地无现行标准的,经项目建设单位与保障单位协商同意,也可参考《涉水项目施工期通航安全保障费用计算方法》作为核算标准。

附录 A
APPENDIX A

《涉水公路工程建设项目通航安全保障合作框架协议》示例

《涉水公路工程建设项目通航安全保障合作框架协议》示例

为共同做好_____工程建设水域的水上交通安全工作,维护管理水域良好的通航环境和通航秩序,保障_____工程建设期间船舶航行安全和施工作业安全,依据《中华人民共和国安全生产法》《中华人民共和国海上交通安全法》《中华人民共和国水上水下作业和活动通航安全管理规定》的有关要求,_____(建设单位)与_____海事局就_____工程建设期间通航安全保障进行全面合作。经双方充分酝酿和友好协商,达成如下合作协议:

一、双方一致认为,_____工程建设水域地处港口密集区域,横跨多条重要航道,对民生和港口生产影响度极广,对通航安全影响极大,通航安全保障工作难度极高。为此,双方同意,本着"精诚合作、务实高效"的原则,发挥各自优势,根据本协议约定共同做好_____工程建设通航安全保障工作。

二、双方约定,在工程建设期间,建设单位根据有关法律法规要求,落实建设单位安全生产责任,同时为_____工程建设提供通航安全保障资金。_____海事局依法做好工程建设期间通航安全监管工作,同时按照建设服务型政府的要求牵头做好通航安全保障工作。

三、双方同意按工程建设对通航安全保障工作的实际需求,共同制定并实施_____工程建设通航安全保障"总体规划方案"和"具体实施协议",共同规划和实施通航安全保障工作。

四、本合作协议一式四份,双方各执两份,自双方代表签字盖章之日起生效。因本合同框架协议的履行产生的任何争议和其他未尽事宜,双方应友好协商解决。

_____(建设单位)   _____海事局

附录 B
APPENDIX B

《涉水公路工程建设项目通航安全保障总体规划方案》目录（参考）

《涉水公路工程建设项目通航安全保障总体规划方案》目录(参考)

第1章　总则

　　1.1　规划背景

　　1.2　规划依据

　　1.3　规划内容

第2章　现场保障

　　2.1　工程简介

　　2.2　保障组织

　　2.3　航行保障

　　2.4　施工保障

　　2.5　年度计划

　　2.6　实施方式

第3章　临时设施设备

　　3.1　信息化工程

　　3.2　临时办公点设备

　　3.3　导助航设施

　　3.4　年度计划

　　3.5　实施方式

第4章　综合管理

　　4.1　组织管理

　　4.2　安全宣传

　　4.3　预算审计

附录 B 《涉水公路工程建设项目通航安全保障总体规划方案》目录（参考）

4.4 费用汇总

4.5 年度计划

4.6 实施方式

第 5 章 资金使用与管理

5.1 实施协议

5.2 实施主体

5.3 资金支付与使用

5.4 资金管理

第 6 章 保障费用

6.1 费用汇总

6.2 年度计划

附录C
APPENDIX C

《涉水公路工程建设项目通航安全保障实施协议》示例

《涉水公路工程建设项目通航安全保障实施协议》示例

甲方：_____（建设单位）

乙方：_____海事局

第一章　总　　则

为做好工程建设水域通航安全保障工作，维护良好的通航安全环境和秩序，保障船舶航行安全、施工作业安全。_____与_____于_____年_____月_____日签订了《_____工程建设通航安全保障合作框架协议》（以下简称"框架协议"）。按照框架协议约定，协议双方发挥各自优势，共同做好_____工程建设通航安全保障工作；在工程建设期间，_____负责落实建设单位安全生产责任，同时为_____工程建设提供通航安全保障工作资金；_____海事局依法做好工程建设期间通航安全监管工作，同时按照建设服务型政府的要求牵头做好通航安全保障工作。双方共同制定通航安全保障"总体规划方案"和"具体工作实施协议"，共同规划和实施通航安全保障工作。

根据框架协议要求，甲乙双方委托_____共同制定《_____工程建设通航安全保障总体规划方案》（以下简称《规划方案》），并同意将《规划方案》作为_____工程建设通航安全保障工作和资金规划的指导性文件。

双方应严格按照《规划方案》的基本原则，规划、制定、调整有关保障工作计划和资金预算，确保在_____项目规划建设期内完成通航安全保障工作，并控制资金使用额度不超过初步设计概算批复数。

为进一步加强和细化双方合作关系，明确《规划方案》制定的通航安全保障工作计划的实施原则及资金保障方式，经双方友好协商，一致达成本实施协议。

第二章 通航安全保障工作

第一条 工作依据及原则

通航安全保障工作是_____工程建设水上安全工作的重要组成部分,直接影响_____工程建设的安全与进度。双方一致同意按《规划方案》中规定的或双方共同认可确定的标准规划、预算、核算及结算有关保障工作及产生的费用。

第二条 工作量的确定

一、乙方原则上根据通航安全保障工作需求,组织及布置通航安全保障现场工作,并督促现场保障单位落实保障任务。

二、乙方负责收集、统计各现场保障单位参与现场通航安全保障任务的工作量资料,并按季度进行审核。

三、乙方将审核后的工作量资料汇总后交甲方确认,经甲方确认后,双方共同核算保障费用。

四、因保障工作实际需求而增加的现场保障工作项目或增加现场保障工作量,经双方协商一致后,所产生的保障费用可在相应的保障工作项目内列支。

五、《规划方案》中规划的非采用上述四项方式核定工作量的通航安全保障工作,由双方编制下年度预算时对工作项目予以确定。

第三条 费用核定

一、现场通航安全保障工作实施的费用,按双方确认后的工作量、《规划方案》或双方共同认可的计费标准及计算方式进行核定。

二、由乙方负责实施的《规划方案》中规划的非直接发生在现场的通航安全保障工作,应由乙方统筹对发生费用进行审核,并委托有资质的第三方审计单位进行审计。最终发生费用以审计报告中核定的费用为准。

第三章　通航安全保障资金

第四条　资金年度计划及使用原则

一、本协议所使用的资金来源为项目初步设计概算中海事管理设施及通航安全保障费去除已签订的预支付协议和施工期航标布设相关费用后的剩余部分，预估金额为_____万元，具体金额根据预支付协议的结算结果调整。

二、双方已在《规划方案》中对通航安全保障工作及资金使用进行年度规划。

三、通航安全保障工作及资金年度计划是双方编制年度预算的主要依据，在《规划方案》及本协议约定的保障资金总额内，各分项资金之间可以进行适当调整。

第五条　资金年度预算

甲方每年应向乙方提供下年度工程实施计划，乙方根据工程实施计划、通航安全保障工作及资金年度计划以及本年度费用开支情况编制下年度通航安全保障资金年度预算。经双方按规定共同审核后，由甲方纳入工程年度预算。

第六条　资金年度审计及结算

一、每年第一季度，乙方应委托有资质的第三方审计单位对上年度通航安全保障资金按以下方式进行审计：

（一）对于按工作量计算保障费用的现场保障项目，双方已核定的保障费用，审计核定相关资料及乙方拨付情况。

（二）对于按预算使用保障费用的其他工作项目，对保障资金的年度预算执行情况进行审计。

（三）汇总后审计单位出具_____工程建设通航安全保障资金年度收支情况审计报告。

二、每年第二季度，乙方向甲方正式提供由有资质的第三方审计单位出具的上年度资金审计报告，作为双方上年度费用结算依据。

三、双方按年度结算通航安全保障费用,每年_____月_____日办理完成上年度通航安全保障资金结算工作。

四、根据国家相关审计要求,配合做好政府相关审计工作。

第七条 资金支付

一、每年_____月_____日前,乙方根据双方审核的资金年度预算向甲方提出本年通航安全保障资金需求,甲方应于每年_____月份向乙方支付本年度预算金额的_____。

二、乙方根据通航安全保障资金使用情况,于每年_____月份前向甲方提出拨付本年剩余通航保障资金的需求,甲方结合上年度费用结算情况,支付乙方本年度预算余款。年度预算余款计算方式为年度预算金额的_____,扣减上年度结算后结余金额或增加上年度结算后亏欠金额。

三、乙方在每次收到甲方支付的通航安全保障资金后应于30天内向甲方出具收款凭证。

第八条 资金管理

一、乙方按要求严格管理保障资金,确保资金专款专用于_____工程建设通航安全保障工作,不得挪作其他用途。

二、现场保障费用由乙方统筹拨付给现场保障单位。

第九条 其他

乙方开户银行信息如下:

户　名:_____海事局

账　号:_____

开户行:_____

第四章　附　　则

第十条 本协议的未尽事宜或争议事项,双方可参考《规划方案》规定或通过协商解决,协商未果的,可各自提请上级部门处理。

第十一条 如工程施工组织设计方案或实际施工进展与《规划方案》差异较大,双方可根据通航安全保障工作和资金的实施情况,协商签订通航安全保障补充协议,作为本协议的补充。

第十二条 本协议一式六份,双方各持三份,具有同等的效力。

第十三条 本协议自双方法定代表人或其授权代表签字盖章后生效。

甲方　　　　　　　　　　　　　　乙方

_____(建设单位)　　　　　_____海事局

法定代表人　　　　　　　　　　　法定代表人

或其委托代理人　　　　　　　　　或其委托代理人

_____　　　　　　　　　　_____

　　　　　　　　　　　　　　　　签证日期:

附录 D

APPENDIX D

《涉水公路工程建设项目通航安全保障资金管理实施细则》（参考）

《涉水公路工程建设项目通航安全保障资金管理实施细则》(参考)

第一章 总 则

第一条 为进一步加强_____工程建设通航安全保障资金(以下简称"保障资金")的使用管理,根据《_____工程建设水上交通安全工作总预案(或总体工作方案)》(以下简称《总预案》)、《_____工程建设通航安全保障总体规划方案》(以下简称《规划方案》)、《_____工程建设通航安全保障实施协议》(以下简称《实施协议》)及相关财务管理规定,制定本实施细则。

第二条 本实施细则适用于_____海事局_____(专职办)组织实施并纳入_____海事局收支管理的保障资金,包含计划、预算、划拨、实施、结算、审计及监督等。

第三条 保障资金收支应按规定纳入本单位部门预算,应当用于_____工程建设通航安全保障工作的相关支出,使用管理应符合国家财务管理制度和本单位有关规定。

第二章 资金划拨与结算

第四条 _____海事局_____(专职办)应会同_____(建设单位),组织各保障资金实施单位根据《规划方案》中保障资金年度使用计划和_____工程建设施工计划编制年度预算,报_____工程建设水上交通安全工作领导小组办公室主任会议批准后实施。年度预算应包含工作内容、实施单位、计算方法、预算金额等内容。

第五条 _____海事局_____(专职办)根据年度预算和《实施协议》

约定,落实_____(建设单位)向_____海事局支付保障资金相关事宜。

第六条 _____海事局负责保障资金统一管理,保障资金到账后向_____(建设单位)开具《中央行政事业单位资金往来结算票据》。

第七条 _____海事局_____(专职办)应根据年度预算和保障工作实施情况,适时函告_____海事局财务审计处拨付保障资金至有关实施单位。

第八条 现场保障工作的船艇、非常驻现场人员以及航道扫测等核定费用原则上按照约定的统一费用标准和核定工作量计算,定期拨付到实施单位;其他保障费用可根据年度预算和实际工作情况预拨付到实施单位。

第九条 统一费用标准应根据或参照国家相关费用标准,由海事局_____(专职办)和_____(建设单位)协商确定。

第十条 核定工作量由_____海事局_____(专职办)会同_____(建设单位)组织相关现场保障单位,根据通航安全保障工作布置情况进行核定。

第十一条 _____海事局_____(专职办)应会同_____(建设单位)按年度组织开展保障资金结算工作。根据统一费用标准计算的保障费用按核定费用结算,其他保障费用按实际支出结算,结算应以委托第三方审计机构出具的审计报告为依据。结算工作完成后海事局_____(专职办)和_____(建设单位)共同出具结算书,确认年度最终使用金额。

第十二条 _____(建设单位)支付至_____海事局以及_____海事局划拨至各实施单位的保障资金,经结算后的结余资金或不足额度,应扣补下年度保障费用。

第三章 保障资金实施

第十三条 保障资金实施单位对保障资金的会计核算应清晰可查,全面反映保障资金的使用情况,保证保障资金用于_____工程建设通航安全保障各项工作所必须支出的费用。

第十四条　保障资金实施单位应做好现场保障工作的原始记录,包括船艇巡查、值守记录、人员巡航出勤记录等,及时编制和上报船艇作业和人员出勤情况统计报表,作为核定保障费用拨付的依据。各单位对上报报表的真实性、准确性、完整性负责。

第四章　审计与监督

第十五条　＿＿＿＿＿＿海事局＿＿＿＿＿＿(专职办)应会同＿＿＿＿＿＿(建设单位)组织内部审计机构或委托社会审计机构开展保障资金结算审计、专项审计,根据实际情况组织审计机构介入保障资金的重大资金使用事项和费用核定、拨付、费用标准确定等重要环节。

第十六条　应每年组织开展保障资金年度结算审计,对核定拨付的保障费用,年度结算审计内容应包括工作量核定程序是否规范、费用计算是否正确、适用费用标准依据是否充分等;对按年度预算预拨付或实施的保障费用,年度审计内容应包括费用支出是否真实合法、是否按预算执行等。

第十七条　年度结算审计报告应作为保障资金年度结算和资金拨付的必要依据,保障资金使用重大事项决策应充分尊重审计意见和建议,各单位对审计发现的问题应及时开展整改工作。

第五章　附　　则

第十八条　本实施细则自颁布之日起实施。